Feng-Shui für Anfänger

Eine Schritt-für-Schritt-Anleitung um mit mehr Ordnung, sorgenfreier und glücklicher zu leben

Kathryn K. Woodward

Sie interessieren sich für Feng Shui?
Wollten Sie schon immer wissen,
wie Sie Ihre Wohnung perfekt einrichten
können und noch mehr zu
diesem Thema erfahren?
Dann habe ich eine Überraschung für Sie!
Sichern Sie sich jetzt unter:
www.spirit-of-amari.com/products/fengshui-geschenk,
Ihr kostenloses Geschenk zu diesem Buch!
Mit diesem Link können Sie es sich zu 100 %
gratis sichern!

Bibliografische Information der deutschen Nationalbibliothek
Die deutsche Nationalbibliothek verzeichnet diese Publikation in der deutschen Nationalbibliografie; detaillierte Daten sind im Internet abrufbar über: „http://dnb.dnb.de“

Für Fragen und Anregungen:

Feng-Shui für Anfänger: Eine Schritt-für-Schritt-Anleitung um mit mehr Ordnung sorgenfreier und glücklicher zu leben

1.Auflage 2018

Ein Imprint der FG Medien UG
Obermühlweg 15
91217 Hersbruck

ISBN.13: 9781980905622

Inhalt

Vorwort

Feng-Shui – der Name setzt sich aus den chinesischen Begriffen für Wind (Feng) und Wasser (Shui) zusammen. Symbolisch betrachtet steht dieses Zusammenspiel für die Energie Chi.

Die uralte chinesische Lehre des Feng-Shui hat eine umfassende positive Wirkung. Auf unser Wohlgefühl, auf die Gesundheit und sogar auf den persönlichen Erfolg. Wenn man sich nach der Feng-Shui-Lehre einrichten möchte, sollte man diese **Entscheidung ganz bewusst** treffen. Das Ziel hierbei ist es, im Einklang mit dem Leben zu sein. Dieses E-Book soll gerade Einsteigern helfen, sich selbst weiter zu entwickeln und die aktuelle Wohnsituation zu verbessern. Damit Sie sich in Ihrem Zuhause richtig wohlfühlen und der Fluss der positiven Energie Sie in allen Lebenslagen unterstützen kann.

> Das E-Book wird Anfänger von Beginn an durch die Feng-Shui-Lehre führen und die Grundregeln erläutern. Dabei spielen Elemente, Farben aber auch Dekoration und Ihr Lebenstil eine wichtige Rolle. Wir erklären anhand dessen, wie man **das Chi, die positive Energie** durch sein Zuhause fließen lassen kann. Damit Sie im ganzen Haus den Nutzen dieser Ströme spüren können.

Vielleicht ist es dem ein oder anderen schon so ergangen. Man betritt ein Zuhause und fühlt sich einfach nur wohl. Doch sowas trifft nicht nur auf Wohnräume zu. Auch in Büros kann sich solch ein positives Wohlbefinden bemerkbar machen.

Die Chinesen haben, über Jahrhunderte hinweg, die Harmonielehre, des Feng-Shui, geschaffen. Diese wird heutzutage immer mehr in der Welt verbreitet. Da gibt es sogar Architekten, die sich auf die Bauweise nach Feng-Shui spezialisiert haben.
Der einstige Trend hat sich mittlerweile gefestigt und immer mehr Menschen, leben nach Feng Shui. Sie richten Ihr Haus und Büro danach ein und praktizieren Qi Gong in Ihrer Freizeit. Viele Menschen habe so den perfekten Lebensstil für sich entdeckt und sind sehr zufrieden und viel glücklicher als zuvor.
So scheint also etwas dran zu sein, an dieser Lehre, die glücklich machen soll.

Wir wünschen im Folgenden viel Spaß beim Eintauchen und Einrichten!

#Was Sie von Feng-Shui erwarten dürfen

Bevor es jetzt tief in die Thematik der aus Asien stammenden Lehre geht, hier ein paar **Grundinformationen** vorweg.
Man muss weder spirituell „angehaucht" oder eine esoterische Euphorie an den Tag legen. Man kann mit der Feng-Shui-Lehre ganz einfach, frischen Wind in sein Zuhause bringen. Somit ist es möglich, sich noch heimischer und wohler fühlen. Das Eigenheim kann durch Feng-Shui zu einer absoluten **Ruhe-Oase** werden. Aber nicht nur das Eigenheim sollte auf das Fließen positiver Energie ausrichtet werden. Auch Büro oder Geschäftsräume können so atmosphärisch verbessert werden. Neben der Farbgestaltung und dem Platz der Einrichtung müssen auch bestimmte Fragen thematisiert werden. Hierzu zählen: „Wo sitzen meine Mitarbeiter?" und „Sitzen sie auch am idealen Platz?".

So können Arbeitsräume und -plätze **harmonischer gestaltet** und das Arbeitsklima positiv beeinflusst werden.
Dies hört sich für manche sicher im ersten Moment komisch an. Man sollte sich davon aber nicht beirren, sondern sich nach und nach darauf einlassen. Grundsätzlich sollte sich jeder zuerst mit den Grundlagen der Feng-Shui-Lehre beschäftigen. Dann darf ein Urteil darüber gebildet werden.

Durch Feng-Shui kann man sein Leben besonders effektiv **„ausmisten"** und sich **von „Altlasten" trennen**. In der Lehre des Feng-Shui bringt man die Lebensenergie Chi nämlich in einem „befreiten", aufgeräumten Zuhause zum Fließen. Die Räume werden durch die Einrichtung nach Feng Shui harmonischer und positiver wirken. Sie merken dann direkt beim Betreten eines Raumes, wie dieser wirkt und fühlen sich wohl. Auch werden die einzelnen Zimmer ideal an Ihren Nutzen angepasst. So wird im Schlafzimmer zum Beispiel auf rote Akzente gesetzt, wenn Sie einen Partner haben um Leidenschaft zu symbolisieren. Gelb im Arbeitszimmer motiviert und schenkt Greude beim Arbeiten. Aber dabei geht es nicht nur um die farbliche Gestaltung. Auch die Dekoration, die symbolische Gestaltung und die Position der Möbel spielt eine wichtige Rolle. Erst ein Zusammenspiel aus all diesen Faktoren macht dann letztendlich den Gesamteindruck vollständig. Nämlich, dass wenn Sie Ihre Wohnung oder Ihr Haus betreten, sich dann direkt wohl und zuhause fühlen.

#Die Geschichte des Feng-Shui

Über Jahrhunderte hinweg war die chinesische Lehre ein streng gehütetes Geheimnis. Nun kann jeder lernen, die positiven Einflüsse eines inspirierenden Umfeldes für sich selbst nutzen.

Die Feng-Shui-Lehre gibt es **seit über 3.000 Jahren.** Sie ist bis heute Bestandteil der traditionellen chinesischen Medizin.
Wörtlich übersetzt bedeutet Feng-Shui „Wind und Wasser". Die wichtigste Rolle in der Feng-Shui-Lehre spielt das Chi, die positive Energie. Sie soll frei fließen und das Leben positiv beeinflussen. Die negativen Energien haben dann im Gegenzug keine Chance, sich in Ihrem Heim auszubreiten.

In China ist diese traditionelle Lehre seit ihrer Entstehung ein wichtiger Bestandteil des Alltags.
Auf Basis des Feng-Shui werden Geschäfte betrieben oder Privatwohnungen eingerichtet und genutzt. Dabei treten nicht selten, die sogenannten Feng-Shui-Meister, in Erscheinung.
Menschen, die dieser Lehre folgen, sind davon überzeugt, dadurch mehr **Glück, Gesundheit und Wohlstand** erzielen zu können.

Überlieferung bis zur heutigen Zeit

Es sind viele fundierte Informationen zum Thema Feng-Shui vorhanden. Denn es existiert eine Vielzahl an chinesischen Originalquellen.
Allerdings ist die Übersetzung hier oft sehr schwierig. **Jedes chinesische Schriftzeichen ergibt ein Bild**. Hinter dem Bild kann dann aber nicht nur ein Wort, sondern sogar ein ganzes Konzept stehen. Zudem hat das gleiche Zeichen oft unterschiedliche Hintergründe, vor denen es gedeutet werden kann. Wenn man diese nicht kennt und falsch zuordnet, kann der Text dann plötzlich völlig sinnlos sein.

Man kann also eine chinesische Schrift nicht wortwörtlich übersetzen. Das ist wahrscheinlich einer der Gründe, warum die **Entwicklungsgeschichte des Feng-Shui** nicht ganz klar ist. Es gibt einfach sehr viele unterschiedliche Aussagen, die sich alle verschieden interpretieren lassen.

Früher wurde die chinesische Lehre im Ackerbau und bei der Planung von Palästen eingesetzt. Feng-Shui sollte so, die Bewohner Chinas vor Naturgewalten und dem Wetter schützen.
Es gab auch sogenannte **„Unterformen"** des Feng-Shui, wie zum Beispiel das „BaGua Feng-Shui". Dies wurde genutzt, um militärische Strategien zu entwickeln und einzusetzen. Später wurden auf Basis des „BaGua Feng-Shui" Siedlungen gestaltet.

Und wie sieht es heute aus?

Die Grundlagen werden heutzutage unter anderem dafür genutzt, den perfekten Wohnort zu finden und zu gestalten. Welche Regionen oder Orte sind besonders geeignet, wo sollte man bauen beziehungsweise wohnen. Und dann geht es zudem noch darum, wie dann das neue Heim eingerichtet wird. Wie gestaltet man die einzelnen Räume richtig?
Aber in der Feng-Shui-Lehre geht es nicht allein um **Raumumgestaltung**.
Es geht darum, das Umfeld bewusst zu gestalten. Man sollte sich wohlfühlen und so durch positive Energien beeinflusst werden. Dies unterstützt auf dem Weg zur Selbstfindung.

Sicher ist die Feng-Shui-Lehre kein Allheilmittel. Allerdings kann Sie sich durch den positiven Einfluss ein **besseres Leben** eröffnen. Die wirklich wichtigen Dinge rücken sich so in den Fokus Ihrer Aufmerksamkeit. Sie werden fokussierter auf sich selbst und auch auf Ihre mentale Verfassung. Denn die wird durch Feng Shui maßgeblich beeinflusst. So können Sie viele Dinge wieder zurechtrücken, die vorher ins Ungleichgewicht geraten sind. Oder aber auch einfach nur ein angenehmes Umfeld gestalten und sich noch wohler in Ihrem Heim fühlen.

In der chinesischen Lehre spricht man von den fünf Grundelementen, die die Zustände des Chi beschreiben. So, wie Yin und Yang. Beide spielen eine große Rolle.
Die fünf Grundelemente sind Feuer, Erde, Metall, Holz und Wasser.

Yin und Yang

Yin steht für das weibliche Wesen, Yang steht für das männliche Attribut.
Zwischen den Polen soll stets Energie fließen können, sie stehen also in einem **ständigen Austausch**. Kann die Energie hier frei fließen, herrscht Harmonie.

Die fünf Grundelemente findet man überall um sich herum - in Farben, Formen, Tageszeiten– und das immer **als Yin und Yang**.
Und genau diese, gilt es gezielt einzusetzen, um ein harmonisches Zusammenspiel zu schaffen.

Negative Energie

Wie schon erwähnt, spielen Energien eine große und wichtige Rolle in der Feng-Shui-Lehre. Der positiven Energie Chi muss es möglich sein, frei zu fließen.
Die sogenannte **„Reinigung"** von Räumen wird in vielen Kulturen praktiziert – unter anderem in der Feng-Shui-Lehre.
Denn jegliche Emotionen wie Wut, Angst oder Eifersucht, Worte und Gedanken hinterlassen in unserem Zuhause Spuren.

Diese können sich als **Schwingungen** in den Möbeln, Wänden oder Böden festsetzen. Dies sorgt für negative Energie. Das Chi kommt somit ins „schwanken“ und kann nicht frei fließen.
Die Folgen können Aggressionen, seelisches Unwohlsein aber auch Schlappheit und körperliche Beschwerden sein.

Um diesen Folgen entgegenzuwirken, kann man ein sogenanntes „Space Clearing“ durchführen.
Bevor man jedoch damit beginnt, muss zuerst aufgeräumt werden. Hierzu zählt auch das Befreien von nicht mehr gebrauchten Gegenständen!

Raus damit!

In der Feng-Shui-Lehre stehen alle Gegenstände im eigenen Zuhause für Energie. Wenn diese ständig genutzt werden, ist diese im Fluss.
All jenes, das in der Wohnung **ungenutzt verstaubt** und herumsteht, blockiert und raubt Energie.

Aber warum hängt das eigene Herz überhaupt an solchen „Staubfängern“?

Möchte man die Sachen zur Sicherheit aufbewahren?
Will man so viele Dinge, wie nur möglich besitzen?
Denkt man, durch Besitz von der Gesellschaft anerkannt zu werden?

Kauft man diese Staubfänger, um sich emotional besser zu fühlen oder leidet man vielleicht unter einer Zwangsstörung?

Hier ist es wichtig, in sich zu gehen und diese Fragen in Ruhe zu beantworten.
Denn wir sollten den Besitz mancher Gegenstände lieber zweimal überdenken.

Neue Alltagsroutinen

Lassen Sie die Luft zirkulieren

Schlechte, abgestandene Luft, erstickt positive Energie und sorgt zugleich für Konzentrationsschwäche. Man sollte also darauf achten, regelmäßig zu lüften. Hierbei lassen Sie die **frische Luft von draußen**, durch weit geöffnete Fenster, in die Räume fließen.

Man sorgt dadurch nicht nur für sehr **angenehmes Raumklima**, sondern auch für frei zirkulierende Luft und somit auch frei fließendes Chi.

Verbessertes Raumklima durch Salz

Durch seine **antibakterielle Wirkung,** aber auch im Essen, ist Salz aus unserem Alltag nicht mehr wegzudenken. In der Feng-Shui-Lehre spielt es ebenfalls eine sehr wichtige Rolle. Das Raumklima lässt sich durch seine reinigenden Eigenschaften erheblich verbessern. Gerüche und Staub, sowie schlechte Energie, werden durch die weißen Kristalle gebunden.

Das bedeutet nun aber nicht, dass man Salzstreuer in jedes Zimmer stellen sollte. Leuchten oder Accessoires aus Salz können hier helfen, Ihre positive Wirkung entfalten.

Spiegel

Spiegel erzeugen im Allgemeinen ein **großzügigeres Raumgefühl**. Zudem aktivieren sie das Chi und können so den Energiefluss verbessern.
Hierbei sollte man unbedingt beachten, keine verzerrenden Spiegel aufzuhängen. Denn diese erfüllen nicht den gewünschten fließenden Effekt!

Ebenso sollte man, für die optimale Wirkung, den passenden Platz auswählen.
Das wäre zum Beispiel gegenüber von Türen, Fenstern und Eingängen. Im Schlafzimmer jedoch, sollte man auf einen Spiegel verzichten. Dieser schafft hier eher eine unruhige Atmosphäre.

Pflanzen für das Wohnklima

Die grünen Wunder sorgen für eine **gute Raumluft** und können Umweltgifte abbauen. Zudem wirken Sie beruhigend.
Im Feng-Shui kann man sich so in geschlossenen Räumen vor schlechter Energie schützen. Besonders wirksam sind Aloe, Orchidee oder Bambus.

Was muss raus?

Kaputte Gegenstände

Der Stuhl mit dem löchrigen Lederbezug, der Schrank mit der kaputten Tür oder die bereits reparierte Vase – alles **absolute Energieräuber**.
Nach der Feng-Shui-Lehre sind dies die schlechtesten Einflüsse auf uns Menschen. Wir sollte uns daher umgehend von diesen Gegenständen trennen um die positive Energie zu mobilisieren.

Sicher wird hier jetzt der Gedanke kommen – das kann ich doch aber reparieren! Leider hilft das nicht.
Ein defekter Gegenstand wird immer negative Energie symbolisieren und das Chi wird nicht frei fließen können.

Horten Sie nicht!

Steht das Eigenheim voll mit Möbeln und Deko, so kann Energie nicht frei fließen. Das Interieur blockiert dann den Fluss.

Deshalb sollten Sie sich von all den ungenutzten, beschädigten, aber auch den geflickten Dingen, in Ihrem Eigenheim trennen.
Das muss auch gar nicht alles auf einmal geschehen.
Am besten teilt man seine Wohnung hierfür in **„Entrümpelungszonen"** ein.
Nun kann man sich strategisch durch die einzelnen Bereiche arbeiten, ohne, dass der Überblick verloren geht.

Negative Energie entsorgen

V**erwelkte oder vertrocknete Pflanzen** sollte man dringend aus den Räumlichkeiten entfernen, da sie negativ auf ihr Umfeld wirken. Auch ein nicht mehr allzu frischer Blumenstrauß, sollte gleich in den Mülleimer wandern.
Außerdem sollten getrocknete Blumen vermieden werden. Diese sind bereits „tot" und haben somit ihre positive Wirkung verloren.

Geschenke, die niemand braucht

Eigentlich haben wir von klein auf an gelernt, dass man Geschenke aus Anstand behält. So nicht nach Feng Shui. Bekommt man Geschenke, die überhaupt nicht gefallen oder genutzt werden, sollte man sie lieber entsorgen. Man kann sie natürlich auch **weiter verschenken**.
Hier muss man also kein schlechtes Gewissen haben, denn es dient einem positiven Zweck: Dem Fluss des Chi.

Eine Checkliste zur Unterstützung

Stellen Sie einen Plan aufstellen, welche Räume verändert werden sollen. Beginnen Sie dann am Besten mit den Räumen oder Plätzen an, die Sie schon länger stören.
Ausreichend Kartons und Mülltüten sollten bereitstehen.
Machen Sie sich bereit, konsequent Entscheidungen treffen!
Schaffen Sie zudem sich eine angenehme Atmosphäre, um der Aktion etwas Positives zu verleihen.

Tipps und Tricks beim Entsorgen

Die Checkliste ist hoffentlich schon eine Hilfe, aber ein paar weitere Tipps sind sicher noch von Vorteil.

Nun hat man sich entschieden die Wohnung nach dem Feng-Shui Konzept zu befreien.
Doch dann steht man erst einmal der größten Herausforderung bevor: Wovon trennt man sich?
Sicher ist Ihnen beim aufräumen schon der Gedanke „Das könnte ich doch noch gebrauchen!" durch den Kopf gegangen. Oft verleitet dieser Gedanke dann zum Aufbewahren der Gegenstände. Man sollte jedoch standhaft bleiben. Die konsequenten Entscheidungen werden sich lohnen.

Ihre Vorgehensweise sollten Sie sich unbedingt vorher überlegen. Folgende Tipps dazu:

In Wellen arbeiten

Eine effektive Vorgehensweise ist es, in Wellen zu arbeiten. Dafür einfach die Lieblingsplaylist abspielen und durch die Räume tanzen. Dabei alles, was auf den ersten Blick überflüssig erscheint, wegpacken oder in den Müll werfen. Diese **erste Phase des Ausmistens** sollte einem relativ leichtfallen.
Anschließend startet die nächste Phase, die allerdings etwas schwerer fallen kann.

Eine Stunde täglich

Man kann für sein Projekt auch einen **bestimmten** Zeitrahmen pro Tag festlegen. Diese Vorgehensweise hat den Vorteil, dass man sich dabei nicht überfordert. Eine Stunde am Tag wird dann konsequent und effizient für sein Vorhaben genutzt.

Zweckgebunden Freiraum schaffen

Es gehören nur **funktional zugehörige Dinge** in einen Wohn- oder Büroraum. Wäschestapel aus Jacken, Schals und Pullovern haben auf dem Sessel im Wohnzimmer nichts verloren! Hängen Sie Ihre Kleidung da hin, wo sie auch hingehört, nämlich in den Kleiderschrank.

Spenden statt wegwerfen!

Es gibt viele Einrichtungen, die über Kleider-, Möbel- oder Haushaltsspenden sehr dankbar sind. Schmeißen Sie also nicht alles, das noch in gutem Zustand ist, weg. Bringen Sie diese zu gemeinnützigen Organisationen und tuen Sie damit etwas Gutes!

Alternativ gibt es **Online Flohmärkte oder Kaufgesuche** in sozialen Medien oder der Zeitung. Menschen, die wenig Geld übrighaben, freuen sich besonders über eine Spende.

Lösen Sie sich schrittweise

Sollte es einem schwer fallen, gewisse Sachen wegzuwerfen, gibt es auch hierfür einen Tipp: Man packt all jenes in einen Karton und vermerkt ein **„Verfallsdatum"** darauf. Ist dieses abgelaufen, fällt es oft leichter, die Kiste zu entsorgen. Denn sie waren den ganzen Zeitraum über nämlich schon gar nicht mehr präsent.

Mentale Freiheit

Es geht im Feng-Shui aber nicht nur darum, sich von **Gegenständen** zu befreien und das Zuhause zu ordnen. Auch kopftechnisch soll Platz geschaffen werden. Wie möchte man seine weiteres Leben gestalten: Was möchten Sie unbedingt noch erleben? Wo sind Sie schon länger unzufrieden? Welchen Verpflichtungen möchten Sie zukünftig nicht mehr nachgehen?

Belohnen Sie sich!

Oft sind wir mit uns selbst viel zu streng und vergleichen uns ständig mit anderen.
Das ist aber genau der falsche Weg. Jeder führt ein anderes, individuelles Leben, hat **sein eigenes Tempo**, trifft seine eigenen Entscheidungen. Niemand ist gleich!

Das sollten Sie deshalb stets im Hinterkopf behalten. Legen Sie Ihr eigenes Tempo ein und lassen sich so viel Zeit wie nötig für das Loslassen der alten Dinge.

Von Innen heraus

Wie schon erwähnt, wird nicht nur in der Wohnung nach der Feng-Shui-Lehre Platz geschaffen. Auch **auf mentaler Ebene** steht dies auf dem Plan.

Vorab eine **kleine Liste mit Fähigkeiten** und Vorteilen, die einen beim Ausmisten mentale Unterstützung bringen soll: Lernen Sie Prioritäten zu setzen und „Nein!'' zu sagen. Oft lassen wir uns dazu verleiten, schnell „Ja" zu sagen, obwohl wir gar nicht so fühlen. Gruppenzwang, ein schlechtes Gewissen, so viele Faktoren beeinflussen uns dabei. Dabei ist es immens wichtig, sich stets von den eigenen Bedürfnissen leiten zu lassen. Sonst werden wir auf Dauer unzufrieden und brennen uns aus. Denn ständig etwas zu tun, was wir eigentlich gar nicht möchten kostet viel Kraft.
Lassen Sie auch die Vergangenheit los und verabschieden Sie sich von unerfüllten Wünschen. Was geschehen ist, ist geschehen. Wenn Sie sich über solch vergangene Dinge ärgern oder gedanklich dort festhängen verpassen Sie die Möglichkeit achtsam im Hier und Jetzt zu leben. Sie verpassen dann das Leben selbst und machen sich auf Dauer unglücklich.
Hinterfragen Sie im nächsten Schritt Ihre derzeitige Wert-Vorstellung. Was ist Ihnen wichtig, wofür stehen Sie? Machen Sie klar, wo moralisch oder auch generell Ihre Prioritäten liegen. Erst dann können Sie wissen, wonach Sie eigentlich streben, was Ihnen wirklich wicht g ist. Sie werden merken, dass Sie, wenn Sie einmal in sich hineinhorchen, sich selbst überraschen werden.

Machen Sie sich frei von materiellen Dingen und dem Begehren danach, denn sinnloses konsumieren bringt Sie nicht weiter. Sie werden durch materiellen Besitz nicht glücklich und werden sich nicht erfüllt fühlen. Das erreichen Sie nur, wenn Sie auf mentaler Ebene Klarheit schaffen. Minimalisieren Sie deshalb Ihren Lebensstil, gerade in Bezug auf materielles Gut. Luxus entspricht hier Freiheit und Zeit.
Schaffen Sie auch neue Perspektiven und seien Sie stets offen für Veränderungen. Denn neue Blickwinkel sind unglaublich bereichernd und erfrischend. Wenn Sie immer in Ihrem alten Muster hängenbleiben, wird Ihnen auf die Dauer etwas fehlen. Denn nichts ist konstant und wir sind stets im Fluss und in der Veränderung. Sind Sie offen dem gegenüber wird Ihnen vielen leichter fallen. Denn wenn Sie sich etwas gegenüber verschließen, was unausweichlich ist, führt das schnell zu Unzufriedenheit.
Kommen wir nun zum letzten Punkt. Dem Schenken. Beim Verschenken oder Spenden, sollten Sie unbedingt Freude empfinden. Denn dies ist eine so tolle Sache, die so unglaublich bereichern auch für denjenigen ist, der gibt. Denn die Freude eines Menschen durch etwas ausgelöst zu haben und das in dem Moment des Schenkens/ Spendens direkt wiederzubekommen ist ein tolles Gefühl.

Glückseligkeit zum Greifen nah

Eine Auszeit nehmen, **abschalten** und sich zurückziehen. Heutzutage fällt es vielen Menschen nicht mehr so leicht, dass ohne Probleme umzusetzen.
Dabei wird man dafür reichlich belohnt. Mit mehr Ruhe, Gelassenheit und Fokus.
Sie sollten durch stetiges Üben lernen, auf Ihre eigenen, innersten Bedürfnisse achten.

Zufriedenheit in Ihrem Zuhause fördern

Feng-Shui soll Ihnen ermöglichen, sich in den eigenen vier Wänden geborgen und wohl zu fühlen.
Durch **Formen, Design und Farben** kann man eine einzigartige, positive Energie erzeugen.

Sicher kann Feng-Shui keine Wunder bewirken. Die Lehre trägt aber dazu bei, den Menschen, in allen Lebensbereichen, positiv zu unterstützen.

Sind Sie durch Ihre neue Lebensweise von positiver, fließender Energie umgeben, so steigert dies **Gesundheit, Lebensfreude und sogar den beruflichen Erfolg**.
Das wiederum macht Sie zu einem zufriedenen und glücklichen Menschen.

Das Chi soll ungehindert durch alle Wohnräume fließen können. Wird der Fluß der positiven Energie gefördert, so wird sich das auf Ihr persönliches Wohlbefinden auswirken.
Ihr Zuhause entwickelt so eine angenehme Atmosphäre und wird, mehr als zuvor, Schutz und Geborgenheit geben.

Haben Sie sich schon einmal beim Betreten einer Wohnung sofort wohlgefühlt? Dann haben Sie in dem Moment, ganz unbewusst, eine Feng-Shui Erfahrung gemacht.

Die Geisteshaltung des Feng-Shui, ist mit umfangreichem Wissen und Praktiken verbunden. Trotzdem ist es möglich, sie einfach Zuhause und auf der Arbeit um zu setzen. So können Sie **Blockaden beseitigen** und das Chi
aktivieren.

Das kann man schon mit **kleinen Veränderungen** erreichen, sei es durch eine neue Wandfarbe, einer neuen Einrichtung oder Pflanzen.

Aber auch durch das Entstauben der Wohnung, durch einen angenehmen Geruch durch **Duftkerzen oder Räucherstäbchen**.

Auch Buddha Figuren findet man in der chinesischen Lehre und Medizin. Diese kann man perfekt in die eigenen Wohnräume integrieren.

Man sollte außerdem dunkle und finstere Winkel vermeiden, sondern in dem Fall auf Lichtquellen setzen, wie zum Beispiel eine Stehlampe o.ä.

Ist man im Besitz von **alten Möbeln und Antiquitäten**, so sollte man diese gründlich reinigen. Sie haben eine eigene Geschichte, sind durch viele Hände gegangen und sind mit unterschiedlichen Energien behaftet.

Wie man sieht, es ist keine komplette Umgestaltung notwendig, um mit dem Chi zu schwingen. Schon kleine Veränderungen können viel bewirken, um Glückseligkeit durch Feng-Shui zu erreichen.

Karriere machen dank Feng-Shui

Vorab sollten Sie sich mit folgenden Fragen auseinandersetzen: Sind Sie zufrieden mit Ihrem Beruf? Fühlen Sie sich erfüllt? Wo stehen Sie aktuell im Leben? Zweifeln Sie?

In der Feng-Shui-Lehre sind Karriere und Beruf der Himmelsrichtung Norden zugeordnet. Die Richtung steht für das Grundelement, beziehungsweise das **Trigramm Kan,** was Wasser bedeutet. Es steht für Tiefe und den Lebensfluss. Um diesen Bereich zu fördern, sollten Sie Dinge in Ihrer Umgebung aufstellen, die das Element repräsentieren.

Das könnten zum Beispiel ein Glastisch, bestimmte Pflanzen oder auch blaue, farbliche Akzente sein.
Mögen Sie Fische, dann empfiehlt es sich, ein Aquarium anzuschaffen.

Natürlich müssen Sie sich nicht unbedingt Fische ins Haus holen. Der Norden lässt sich auch durch Bilder mit Wassermotiven, **Spiegel, Wasserschalen und Zimmerbrunnen** aktivieren. Auch runde Gegenstände aus Metall helfen die positive nordische Energie zu mobilisieren.

Sie sollte jedoch darauf achten, nicht zu viele Braun- und Grüntöne einzusetzen. Denn das Element Erde, welches durch diese Farben symbolisiert wird, beherrscht das Wasser.
Auch zu viel Grün und zu große Pflanzen sind eher weniger unterstützend. Sie repräsentieren Holz, welches das Element Wasser schwächt.

Klarheit schaffen am Arbeitsplatz

Arbeiten ohne Ballast

In der Arbeitswelt wird Feng-Shui heute immer häufiger mit Erfolg in Verbindung gebracht. Diese Annahme ist durchaus berechtigt. Denn die chinesische Lehre zeigt uns, wie Wir unterstützende Energien durch konkrete **Veränderungen am Arbeitsplatz** gewinnen.

Dazu gehören zuallererst das körperliche und seelische Wohlbefinden. Zugleich aber auch die finanzielle Sicherheit.
Mit Feng-Shui können Sie **eigene „Orte"** schaffen, welche die Möglichkeit bieten, ausgeglichen und fit zu bleiben. Dies kann durch die Kombination von privater, finanzieller und beruflicher Harmonie und Erfüllung erlangt werden.

Bevor Sie nun allerdings Ihr ganzes Umfeld auf den Kopf stellen, sollten Sie sich zuerst von **Altlasten und Ballast** trennen. Denn „leere" Räume lassen sich am Besten mit neuen Projekten und Kontakten füllen.

Warum das Alles?

Das Prinzip dahinter lässt sich mit einem ganz einfachen Vergleich veranschaulichen. Stellen Sie sich einen total überladenen und im Gegensatz dazu, einen **geordneten** Schreibtisch vor. Könnten Sie sich an einem solchen Arbeitsplatz wohlfühlen? Vermutlich nicht.

An einem leeren Arbeitsplatz hat man Platz und die Freiheit, ihn neu zu ordnen. **Unerledigte Aufgaben und Aufträge** können einen nämlich gedanklich herunterziehen und belasten.

Eventuell werden Sie die gewünschten Veränderungen im Rahmen eines Arbeitstags nicht vollständig umzusetzen können. Nehmen Sie sich hierfür dann ruhig einen Tag frei.

Das mag sich im ersten Moment vielleicht etwas komisch anhören, es wird sich aber lohnen. Seien Sie dann aber auch konsequent und fokussiert auf Ihr Vorhaben!

Generell empfiehlt sich, nicht ohne Plan loszulegen, sondern mit Bedacht Ihr Vorhaben zu beginnen. Wie das aussehen kann:

Das **Prinzip der 3-Kisten-Methode** ist vielen vielleicht schon ein Begriff.
Im Grunde geht es darum, den Überblick auf dem Schreibtisch zu behalten. Sie sollten hierbei in Kategorien einteilen. Was brauchen Sie regelmäßig, was ist längst erledigt.
Unterlagen in mehrfacher Ausführung und überfüllte Ordner mit längst erledigtem Schriftverkehr gehören in den Papierkorb. Trennen Sie sich auch, von zum Beispiel Kugelschreibern in fünffacher Ausführung.
Weniger ist eben mehr.

Aber natürlich sollte all das, nicht als unangenehmer Zwang empfunden werden. Haben Sie ein komisches Gefühl bei dem Aussortieren und sind sich nicht sicher, ob Sie das wirklich noch brauchen? Hören Sie an dieser Stelle bewusst in sich hinein, meist werden Sie die Antwort dann schnell finden. Sicherlich wird dieser Prozess anstrengend und vielleicht sogar erschöpfend sein. Aber schon am nächsten Tag werden Sie eine gewisse Leichtigkeit verspüren.

Dauerhaft befreit

Um die neue strukturierte Umgebung zur Gewohnheit zu machen, sollte man im Vorfeld schon entscheiden, wozu der neue freie Platz genutzt wird. Denn oft verleitet die gerade geschaffene, freie Fläche dazu, sie wieder für Aktenstapel zu nutzen.

Sollte Ihr Schreibtisch direkt am Fenster stehen, können Sie eine Pflanze oder **schöne Blumen aufstellen**. Wer es etwas individueller mag, der kann auch gerne eine Buddha Figur oder ein Feng-Shui Brunnen aufstellen.

Die Papierflut unter Kontrolle halten

Zukünftig sollten Sie Erinnerungen oder Gesprächsnotizen nicht auf Post-Its festhalten. Greifen Sie dafür eher auf einen gebundenen Notizblock zurück oder arbeiten vielleicht sogar auf dem Tablet. Hier bietet sich die Möglichkeit, alle Notizen digital zu erfassen und zu speichern.

Sollten Sie mit einer Pinnwand arbeiten, entfernen Sie alles, was erledigt oder veraltet ist, direkt.

Den Grundstein für Feng-Shui in Ihrem Büro ist nun gelegt.

Blick- und Sitzrichtung

Wenn Sie vor einer Wand oder mit dem Rücken zur Türe sitzen, behindert das ein entspanntes Arbeiten. Denn die **Position des Schreibtisches** ist in der Feng-

Shui-Lehre sehr wichtig und einer der Schlüssel zum erfolgreichen Arbeiten.

Positionieren Sie Ihren Schreibtisch so, dass sich Tür und Fenster in Ihrem Blickfeld befinden. Hierzu lässt sich anmerken, dass eine weiße, kahl wirkende Wand, in **keiner Weise** den Ideenfluss fördert.
In der Feng-Shui-Lehre gibt es den Grundsatz: „Was man sieht, bekommt man auch!" Gestalten Sie die Wand deshalb zum Beispiel mit schönen Bildern.

Haben Sie in Ihrem Büro auch bei der Farbe Mitspracherecht, dann könnte man auch damit schöne und anregende Akzente setzen.

Der Schreibtisch

Die Art des Schreibtisches spielt im Business-Feng-Shui ebenfalls eine zentrale Rolle. Er entscheidet, ob man Erfolg hat.
Achten Sie daher auf eine Holzplatte oder ein Modell aus Massivholz. Verzichten Sie, wenn möglich, auf einen Glastisch.

Hohe und offene Schränke sollten nicht hinter dem Schreibtisch positioniert werden. Diese könnten eine unterbewusste Angst herbeiführen. Sie signalisieren, dass etwas auf uns herabstürzen könnte. Der Schrank sollte deshalb lieber kleiner und mit Türen versehen sein.

Die Beleuchtung

Natürliches Sonnenlicht tut einfach gut und beflügelt das Gemüt. Ist Ihr Arbeitsplatz aber eher dunkel und bekommt wenig Licht, sollte man, dem Tageslicht ähnliche, Lichtquellen einsetzen. Schließlich fördert eine gute Beleuchtung Konzentration und vor allem auch unsere Motivation.

Feng-Shui beflügelt Ihr Liebesleben

Feng-Shui funktioniert auch in der Liebe. Denn das eigene Zuhause hat durchaus Auswirkungen auf unsere romantischen Gefühle. Die **Oase der Liebe** ist natürlich das Schlafzimmer. Es repräsentiert Romantik und soll zugleich auch ein Ort des Rückzugs sein – ein einladender Ruhepol für Zwei.

Wie genau man das erreichen kann, zeigt Ihnen die folgende Checkliste:

Zuerst einmal gilt es, Ordnung zu halten. Dies sollten Sie unbedingt auch unter dem Bett tun. Hier gehört nichts hin. Weder Aufbewahrungstruhen noch Kleidung.
Es sollten immer zwei Nachtschränke aufgestellt werden. Auf jeder Bettseite einer, damit ein Gleichgewicht herrscht. Nur so kann zwischen **Yin und Yang** Harmonie entstehen. Die paarweise aufgestellten Schränke, symbolisieren hier beide Partner. Die gilt auch für den Rest der Deko. Paarweise aufgestellt wirkt Sie in diesem Fall besonders gut. Man kann auch gerne Kerzen aufstellen oder rote Akzente setzen, hier allerdings nur sehr sparsam. Auf keinen Fall sollten Sie sich für rote Wandfarbe entscheiden. Wände sollten eher in ruhigen und dezenten Tönen gehalten werden.
Verzichten Sie auf viele Möbel, Mengen an Dekoration und setzen Sie auf einfarbige Bettwäsche.
Hängen Sie bitte **auf keinen Fall Spiegel im Schlafzimmer** auf. Das könnte zu unruhigem Schlaf führen.
Auf Computer und Bügelbrett sollte ebenfalls verzichtet werden. Jegliche Arbeit wird außerhalb Ihres Schlafgemachs verrichtet.
Auch Wasser hat nach Feng Shui im Schlafzimmer nichts verloren. Zimmerbrunnen sind somit leider tabu aber auch zum Beispiel Duftöle sollten Sie lieber weglassen.

Würden Sie gerne Bilder aufhängen, sollte diese beim Betrachten positive Gefühle in Ihnen auslösen und Ruhe verbreiten.

All diese Aspekte sollte man beachten, um sich in der **Wohlfühloase Schlafzimmer** entspannen und erholen zu können. Denn wenn sie sich entspannen können, kann Ihre Partner das auch!
Im Folgenden wird Ihnen noch einen weiteren Bereich bezüglich der Partnerschaft vorgestellt – der sogenannten „Bagua". Stellen Sie hiernach keine einzelnen Möbelstücke auf, da diese suggerieren, dass sie ledig sind.
Auch Deko und auch Möbel, sollten paarweise positioniert werden. Farbliche Akzente setzen Sie in Rot, rosa oder weiß.
Vermeiden Sie: Viele Pflanzen, vertikale Linien und Erdtöne.

„Altlasten" aus früheren Beziehungen entsorgt man lieber schnellstmöglich. Sie halten uns emotional **in der Vergangenheit** fest und verhindern dadurch die Chance auf eine neue Beziehung. Denn wenn Sie immernoch Geschenke oder Fotos von Ihrem vorherigen Partner in Ihrer Wohnung haben, halten Sie bei ständigem Anschauen an diesem Partner fest. Gedanklich müssen Sie sich jedoch auch trennen können. Um sich ehrlich und vollständig auf jemand Neues einzulassen.

#Vielseitiger werden durch Feng-Shui

Feng-Shui gehört seit einigen Jahren zu den beliebtesten Themen, wenn es um persönliche und berufliche Weiterbildung sowie Veränderung geht. Feng-Shui zu lernen und sich mit der Thematik zu befassen, ist eine **persönliche Entscheidung**. Sind Sie motiviert und haben diese Entscheidung bewusst getroffen, werden Sie schnell lernen und Veränderungen werden Ihnen deutlich leichter fallen. Sie werden ungezwungener handeln und lernen mehr auf sich selbst achten. So erlangen Sie Ihr inneres Gleichgewicht.

Die Entscheidung, der chinesischen Lebensart zu folgen, wird meist unterbewusst getroffen. Viele Menschen spüren ganz intuitiv, dass Feng-Shui ihnen auf Ihrem Lebensweg viel Gutes tun kann. Durch das bewusste Hinterfragen derzeitiger **Lebensumstände und -ereignisse** kann diese Lebenskunst Menschen einen neuen Blickwinkel ermöglichen. So entsteht die Möglichkeit, bis dahin unerkannte Chancen, ergreifen. Menschen gewinnen auf diese Weise positive Lebenskraft, Harmonie aber auch Energie. Gleichzeitig lernen Sie, in Ihr Innerstes hinein zu hören und achtsamer mit sich selbst umzugehen.

Durchatmen

Feng-Shui bezeichnet ganz allgemein, das Zusammenspiel von Energie in Räumen, Gärten,

Landschaften und dessen Auswirkungen auf den Menschen.
Die wichtigste Grundlage, um seine Umgebung nach der asiatischen Lebensweise auszurichten, ist die energetische Qualität. Hierbei sind **Himmelsrichtungen, Materialien, Farben und Räumen** entscheidend. Man unterscheidet in den jeweiligen Kategorien nach dem Prinzip der fünf Elemente. Dieses Zusammenspiel wollen wir im Folgenden genauer beleuchten.

In der chinesischen Lehre unterscheidet man zwischen der Form des männlichen Yang und dem passiven, weiblichen Yin. Es muss stets ein Gleichgewicht zwischen den beiden Gegensätzen herrschen, damit ein konstanter Fluß herrscht. **Gegensätzliche Einflüsse bedürfen eine Harmonisierung**, welche man in Form von Natur um sich hat.

Man spricht hier auch von den fünf Grundelementen – Feuer, Metall, Holz, Erde und Wasser. Diese müssen miteinander im Einklang stehen, um einen optimalen Energiefluss zu ermöglichen. Dieser Zustand lässt sich durch bestimmte Farben, Formen und Materialien, die miteinander kombiniert werden, herstellen.
Es ist wichtig, so, das Bedürfnis nach **Schutz und Geborgenheit** in seinem Zuhause zu verwirklichen. Dies bewahrt uns davor, ständig in Furcht zu leben. Auch hält es permanente Anspannung und Stress von uns ab. Denn jeder Mensch braucht Zeit und Raum zum Durchatmen.

Gerade im stressigen Alltag kann Feng-Shui als eine Art Katalysator genutzt werden. **Unsere Wünsche und Ziele** im Leben können so schneller erreicht werden. Wohlbefinden und Erholung sind nun einmal die wichtigsten Voraussetzungen für ein gutes Energiepotenzial.

Eine wie zuvor beschriebene, gestaltete harmonische Umgebung schafft Klarheit, Stabilität und Ruhe. Das wirkt sich **positiv auf unsere Seele** aus. Den stressigen Alltag können Sie so durch das Schließen der Wohnungstür einfach hinter sich lassen und abschalten. Ankommen – Auftanken.

Die fünf Grundelemente

Dieses Prinzip stammt aus einer alten **Überzeugung der Chinesen**. Man sagt, dass alle Dinge dieser Welt diesen Elementen zugeordnet werden und so der Ablauf der Naturerscheinungen erklärt werden kann.

Die fünf Grundelemente sind

- Holz
- Feuer
- Erde
- Metall
- Wasser

Der Kreislauf der Natur

Holz ernährt das Feuer, die Asche nährt die Erde. Aus der Erde wird Metall gewonnen. Die Mineralien der Erde machen zugleich Wasser lebendig und dieses nährt die Pflanzen, aus denen wir Holz gewinnen.

Feuer

Es zeigt sich in allem Entflammten und wird unterschieden zwischen dem Yang Feuer: Die offene Flamme und dem Yin Feuer: die Glut. Mit diesen Symbolen verbindet man das **Aufstrebende und die menschliche Weiterentwicklung**.

Die Flammen werden mit Dreiecken, die Spitze nach oben ausgerichtet sind, aber auch anderen zulaufenden

Formen verbunden. Kegelförmige Berge und Vulkane werden diesem Hauptelement ebenfalls zugeordnet.

Architektonische Formen, die hiermit assoziiert werden, sind folglich Kirchtürme, Spitzdächern oder Pyramiden.

In den Wohnräumen werden die Flammen durch Kerzen aber auch Kunst und rote Accessoires vertreten. Da diese Farbe sehr anregend wirkt, sollte Sie in der Raumgestaltung jedoch sparsam eingesetzt werden.

Holz

Das braune Naturgut steht für die belebte Natur und deren **ständiges Wachstum**. Es symbolisiert zudem Schöpfung und Kreativität. Holz ist das Element, das uns belebt und zu schnelleren Entscheidungen führt.

Das weibliche Yin wird bei einem Baum durch die Äste, feinen Zweige und Blätter dargestellt. Diese wachsen dem Licht entgegen. Für das männliche Yang stehen der Stamm und die Wurzeln, welche fest mit der Erde verbunden sind.

Erde

Das Grundelement Erde steht für den Boden unter unseren Füßen. Die Erde ist ein Symbol für Bodenständigkeit und Zuverlässigkeit. Alles, was mit Ihr zu tun hat, wie zum Beispiel **Steine, Kristalle, Sand und Ton** symbolisieren das Element.

Dieses Element sollte durch Formen, Muster, Objekte oder Symbole dargestellt werden. Hier eignet sich alle flachen, rechteckigen Formen aus Keramik, Porzellan oder Ton.

Metall

Ordnung, Struktur und Geld, aber auch geistige Entspannung und Meditation werden mit diesem Material assoziiert. Runde Metalldekoration können hier stellvertretend aufgestellt werden.

Wasser

Das kühle Nass steht für alles Fließende. Yang sind Meer und die großen Gewässer. Yin hingegen Wolken und die feinen Nebel, welche aufsteigen.

Wasser ist sehr wandelbar. Es passt sich jeder Situation an.
Generell steht es für Kommunikation und Bewegung. Es gilt zudem als Symbol für Fruchtbarkeit, Reichtum und Wohlstand.

All die Grundelemente sind in der Feng-Shui-Lehre ganz bestimmte Farben, Formen und Materialien zugeordnet.

Die fünf Grundelemente im menschlichen Wesen

Auch in den **Charakterzügen des Menschen** spiegeln sich die fünf Naturgewalten wider. Betrachten Sie Ihre Mitmenschen einmal etwas genauer, können Sie diese relativ leicht den einzelnen Wesen zuordnen.

Charakterzug Metall

Metall steht **für Entschlossenheit und Tatkraft.** Zudem glänzen diese Menschen, mit einem gesunden Ehrgeiz und Siegeswillen. Prinzipiell wird dieser Typ mit der Arbeitswelt, dem Management, sowie strategischem Denken und Handeln in Verbindung gebracht. Auch der rationale Umgang mit Geld und Investment zählt zu den Kompetenzen dieser Menschen.

Außerdem haben Sie einen sehr ausgeprägten Ordnungssinn. Sie sind strukturiert, haben ihr eigenes Tempo und können zudem leicht loslassen und genießen.
Fehlt einem dieses Element in der eigenen Person, so werden Sie eher chaotisch und unstrukturiert durchs Leben gehen.

Wesenszug Feuer

Die heissen Flammen symbolisieren Lebhaftigkeit. Diese Personen sind oft bekannt für flinkes, agiles Handeln, aber auch für Aggressivität.
Menschen mit diesem Wesenszug **tragen ihr Herz auf der Zunge**. Sie sind ihren Mitmenschen gegenüber von Grund auf ehrlich. Zudem fallen sie durch Cleverness aber auch Temperament auf.

Ist dieser Charakterzug nicht bzw. nur sehr schwach vorhanden, so mangelt es diesen Menschen oft an Durchsetzungsvermögen und dem Willen, etwas konsequent umzusetzen.

Charakter Erde

Diese zeichnen sich besonders durch Ihre Stabilität aus. Sie denken sehr sicherheitsbewusst, sind allerdings **eher unflexibel** und konservativ eingestellt.
Eingefahrenen Strukturen zu verändern, liegt diesen Menschen nicht. Jeglicher Wechsel von gewohnten Umständen fällt Ihnen oft unglaublich schwer.

Ist dieser Charakterzug nicht vorhanden, sind diese Personen eher flatterhaft. Sie haben nur wenig Ausdauer, etwas umzusetzen. Im Beruf fällt dieses Ungleichgewicht oftmals durch sehr häufigen die Stellenwechsel, im Privaten eher durch ständig andere Partner auf. Wirkliche Beständigkeit fehlt hier.

Ein hoher Erdanteil spricht für einen zuverlässigen Mitmenschen. Diese haben einen sehr **ausgeprägten Familienzusammenhalt** sowie lange und stabile Beziehungen.

Der Wassermensch

Diese Individuen sind sehr emotional und lassen sich leicht begeistern. Sie reden gerne und auch viel und verweilen gern lange an einem Ort.
Besonders sind Sie dafür bekannt, dass Sie Ihre Umwelt in Frage stellen und über die alltäglichen Grenzen hinausdenken.

Was Wassermenschen außerdem ausmacht, ist die Eigenschaft gerne **gegen den Strom zu schwimmen**, sich von Generellem abzuheben. Leider leiden oftmals Gefühle und Meinungen ihrer Mitmenschen darunter.

Ist man selbst eher weniger affin zum Wasser, so tuen Sie sich vermutlich schwer, Wünsche und Ideen anderen mitzuteilen. Auch das Umsetzen dieser, gelingt Ihnen oftmals nicht. Diese Menschen begeben sich zudem leichter in eine seelische, aber auch körperliche Abhängigkeit.

Der Holzcharakter

Spielfreude, Kreativität und den Drang nach Freiheit, all das sind Merkmale einer solchen Persönlichkeit. Diese Menschen versuchen ihr inneres Kind zu wahren und sind für jeden Spaß zu haben. Sie lieben es sich in der Natur aufzuhalten. Holzmenschen **mögen keine Routine und Regeln**. Sie lassen sich nur ungern in strenge Vorgaben zwängen.
Lieber gehen Sie mit dem Kopf durch die Wand. Einem trotzigen Kind gleich, wollen Holzmenschen ihren Willen durchsetzen. Dabei bleiben Mitmenschen manchmal auf der Strecke.

Sind diese Eigenschaften eher weniger ausgeprägt, so mangelt es ihm an Mut – Mut, sich über etwas hinwegzusetzen.

Qi Gong

Bevor wir hier mit den Übungen beginnen, hier ein kleiner Einstieg in die **Bedeutung des Qi Gong**:

Der Begriff Qi Gong wurde in den 50er Jahren geprägt. In China fand man heraus, dass es alte Traditionen gibt, welche die **Behandlung von Patienten und die Gesundheit unterstützen.** Diese Methoden und Leibesübungen sollten dem allgemeinen Volk zugänglich gemacht werden.

Die Begrifflichkeit wird aus den Wörtern Qi und Gong zusammengesetzt. Qi lässt sich im Allgemeinen als Lebensenergie übersetzen. Der Begriff Gong bedeutet Arbeit und Fertigkeit.

Grundsätzlich geht es hierbei um eine Bewegungsabfolge, die Sie langsam und konzentriert ausführen um so die positiven Aspekte der Übungen für sich zu gewinnen.

Was steckt hinter Qi Gong?

Im Mittelpunkt der fernöstlichen Gedankengänge, sowie Ihrer Heilkunst, steht das Qi.
Um nun Qi Gong, sowie die traditionell chinesische Medizin richtig zu verstehen, gibt es daher ein paar Besonderheiten zu beachten.

Das Qi manifestiert sich in uns Menschen in verschiedenen Erscheinungsformen. So bildet es die drei Komponenten der menschlichen Existenz, welche auch „die drei Schätze“, genannt werden. Man spricht auch von Ebenen. Die Ebene, welche am dichtesten ist, ist die Essenz, das Yin.
Die mittlere ist die des Qi, hier mit der Bedeutung von vitaler und individueller Lebenskraft.
Die feinste Ebene ist die des Geistes, Shen.
Das, was den Menschen sowie das Leben an sich ausmacht, entsteht also aus dem Zusammenwirkender drei genannten Schätze.

Die Kraft Qi

Die Funktionen des Qi Gong und somit eigentlich des Qi sind: **Bewegen, Halten, den Körper nähren aber auch Schützen**. Dabei ist alles Lebendige in Bewegung. Laut chinesischer Medizin transformiert und bewegt sich das Qi ständig und in sehr vielfältiger Art und Weise.

Aus Sicht der westlichen Medizin laufen jede einzelne Sekunde eine Vielzahl **biochemischer sowie biophysikalischer Umwandlungsprozesse** im Stoffwechsel und Nervensystem eines Menschen ab.
Wenn all diese Bewegungen natürlich und völlig frei ablaufen können, ist eine Basis für Ihr gesundes, erfülltes Leben schonmal geschaffen. Denn **Harmonie und Gesundheit** ist nur durch das fließende Qi möglich. Partner von Bewegung ist im Qi Gong alles

Angehaltene. Permanente Bewegung zerfließt, während konstant gehaltenes erstarrt.

Es soll deshalb ein Zusammenspiel der Bewegung und des Haltens geschaffen werden, um physische und seelische Gesundheit und Weiterentwicklung zu erreichen. Das haltende Qi findet man in **aufrechter Körperhaltung, starker Wirbelsäule, und straffem Gewebe,** sowie auch einer stabil gehaltenen inneren Mitte.

Es gibt kein Yin ohne Yang, kein Yang ohne Yin.

Ist das Qi gestärkt, funktionieren Atmung, unser Kreislauf, Metabolismus aber auch Verdauung problemlos. So werden die inneren Organe in ihrer Funktion unterstützt und genährt.

Herrscht ein **Energiemangel,** zum Beispiel, wenn man krank, mangelernährt oder emotional erschöpft ist, so verschlechtert sich die Funktion der inneren Organe. Werden diese **Belastungen abgebaut**, kann das Qi wieder besser fließen. Man kann sich wieder erholen – sowohl körperlich als auch geistig.

Der Partner des anreichernden Qi, ist hier Abwehr-Qi. Es ist in gewisser Weise bedeutungsgleich mit unserer **immunologischen Abwehrkraft**.
Es arbeitet an Stellen, an denen Organismus mit den **Herausforderungen** unserer Umwelt konfrontiert ist.

Ein warmer, gut durchbluteter Körper spricht für intaktes Abwehr-Qi. Dann ist die Infektanfälligkeit gering und unsere physische und psychische Belastbarkeit ist besser. **Umwelteinflüsse, die uns schaden,** können dann auch besser abgehalten werden.

Wie Qi Gong den Fluss des Qi verbessert

Qi Gong wirkt, indem durch Sie, die positive Energie verbessert wird. Das Qi erscheint auf drei Ebenen und in jeweils drei unterschiedlichen Formen. **Die materiellste Ebene als Körper, dann eine feinstoffliche Ebene welche man „vitale Lebensenergie" nennen kann und die feinste Form als Geist.**

Auch im Qi Gong gibt es eine Art der Dreifaltigkeit. Hierbei geht es um **Halten und Bewegen** unseres Körpers, das Fließen unseres Atems und um den Geist und seine Verfassung. Insbesondere um Aufmerksamkeit sowie Vorstellungskraft.

Halten und Bewegen

Bewegung und Haltung sind essentielle Funktionen von unserem Qi und ihr Miteinander erleben Sie auf drei Ebenen. Ein geordnetes und funktionstüchtiges Qi entspricht einer **gelassenen und geraden Haltung**. Wenn man sich im Qi Gong weich und fließend bewegt, dann passt sich Stück für Stück auch Ihr Qi diesen Qualitäten an und beginnt weich zu fließen.

Fließender Atem

Der Atem ist eine der zahlreichen Bedeutungen von „Qi". Die Qi Gong Übungen werden zum Teil Atemübungen genannt. An sich ist das nicht ganz richtig, weil **Qi und Atem** nicht identisch sind, allerdings gib es eine sehr nahe Verbindung.
Ist der Atem ausgeglichen, wird auch das Qui **ruhig und sanft fließen.** Herrscht zwischen Qi und Atem Harmonie, können Sie durch vorsichtige Beeinflussung Ihres Atems auch auf das Qi wirken.

Auf dem Weg zur inneren Ruhe

Wenn man sich beim Üben und nach dem Üben von Qi Gong wohl fühlt und sich freut, dann macht man es richtig. Es ist eine **Freude, die aus unserem tiefsten Inneren kommt**. Sie ist unabhängig von äußeren Umständen. So wird die eigene Mitte mit der Zeit mehr und mehr gefestigt und ist auch nicht mehr so leicht aus der Ruhe zu bringen. Wichtiges kann leichter von Unrelevanten Dingen unterschieden werden. Belastungen im Alltag stehen Sie so viel entspannter gegenüber.

Sie erhalten mehr Energie und gesteigerte Abwehrkräfte. Auch in Muskeln und Gelenke werden Sie beweglicher.

Ihr Gleichgewicht wird sich verbessern und somit auch die Haltung.

Traditionell gesehen geht es im Qi Gong um die Lebenspflege. Es soll dadurch die Vitalität und Gesundheit erhalten werden und ein hohes Alter ermöglichen. Wenn Sie Qi Gong zu einem festen Teil Ihres Lebens machen, kann man so definitiv einen großen, positiven Beitrag dazu leisten.
Qi Gong ist zudem eine Art der therapeutischen Methode. Sie wird bei vielen Beschwerden aber auch Erkrankungen empfohlen.

Bei welchen Beschwerden hilft uns Qi Gong?

Beschwerden und Erkrankung gehen immer mit einer Disharmonie des Qi einher und in vielen Fällen kann man mit Qi Gong sehr schnell eine Verbesserung erzielen.

Qi Gong wird oft als Unterstützung neben anderen Therapiemethoden empfohlen. In der traditionell chinesischen Medizin wird Qi Gong mit **Kräutertherapien, Ernährungstherapien oder auch Akupunktur** kombiniert. Es wird aber auch neben der westlichen schulmedizinischen oder den Methoden der Naturheilkunde angewendet.

Die Wirkung von Qi Gong ist schriftlich belegt. In Zusammenhang mit der **inneren Medizin** findet man in der chinesischen Literatur Beschreibungen zur Verbesserung des Blutdrucks und von Herzbeschwerden. Sowohl bei chronischen Atemwegserkrankungen wie zum Beispiel Asthma aber auch Gastritis, Leberentzündung und chronischer Verstopfung hilft die chinesische Bewegungskunst.

In der Onkologie beispielsweise wird dem Qi Gong ein hoher Stellenwert zugeschrieben. Es gibt erstaunliche Erfolgsberichte. In China sollen Krebspatienten durch **intensives Qi Gong** gesund geworden und auch auf lange Zeit gesehen gesund geblieben sein. Dass man mit Qi Gong etwas für sich und seine Genesung tun kann, steht also außer Frage.

Hat man **Beschwerden im Bewegungsapparat** wie zum Beispiel Rückenschmerzen, Gelenkschmerzen oder Rheuma verspricht Qi Gong gute Erfolge. Auch bei spannungsbedingten Schmerzen ist es sehr wirksam.

Leidet man an vegetativen, funktionellen oder auch psychosomatischen **Beschwerden,** ist Qi Gong eine gute Unterstützung im Genesungsprozess.

In der Gynäkologie wirkt Qi Gong bei Regelbeschwerden empfohlen und bei der Geburtsvorbereitung angewendet.

Variationen der asiatischen Kunst

Es gibt viele verschiedene Arten von Qi Gong. Jeder muss für sich seine eigene Variante finden. Die Einteilung der Übungen in Qi Gong ist relativ einfach. Man unterteilt in **bewegte und ruhige Bewegungen**. Hierbei gibt es Übungen mit Bewegung im Fokus und ebenso Übungen, bei denen man ruhig steht oder sitzt.
Andere Einteilungen kategorisieren nach Absicht und Ziel der Praxis oder nach Ihren historischen Wurzeln. All diese Einteilungen sind allerdings nicht unbedingt sehr sinnvoll, weil jede Qi Gong Übung mehrere dieser Aspekte beinhalten sollte. Qi Gong als Methode hat einen gewissen Bezug zu der **chinesischen Philosophie**, ist aber gänzlich unabhängig von den religiösen Implikationen.
Qi Gong ist leicht, das Üben jedoch üben ist schwer.
Die **Bewegungen und die Körperhaltungen** sind einfach, man kann diese schon nach kurzer Zeit so durchführen, dass sie einen positiven Effekt haben. Man sollte aber unbedingt dranbleiben und das tun, was wichtig ist. Nämlich **üben, üben üben** – genau das ist eben nicht so einfach. Wenn man es aber durchhält und umsetzt, wird man dafür reich belohnt.

Üben Sie täglich!

Wenn möglich, dann 45 Minuten pro Tag und fast täglich. Und warum gerade **45 Minuten**? Weil genau das die Zeitspanne ist, die man braucht, um zur Ruhe zu kommen und Qi Gong auch sinnvoll auszuüben.

Wenn man das eine Zeit lang auch so macht, so wird es einem immer mehr Freude bereiten. Eines Tages erreichen Sie dann den Zustand, in dem Sie auf ihr tägliches Qi gong nicht mehr verzichten wollen. Natürlich können sie so oft und so viel üben, wie Sie mögen. Wichtig dabei ist die Regelmäßigkeit.

Wenn man mitten im Alltag feststeckt, empfiehlt es sich, dass Qi Gong eher auf den Morgen oder den Abend verlegen. Wenn man mehr Zeit und Muße hat, können Sie aber auch zu einer anderen Zeit praktizieren.

Der passende Ort für Qi Gong

Man kann im Freien und im Zimmer üben, das sollte jeder für sich entscheiden. Wenn es immer der gleiche Platz ist, sollte man sich diesen angenehm einrichten. Andererseits ist man beim Qi Gong generell **unabhängig von der äußeren Umgebung**. Theoretisch kann auch im Hotelzimmer oder beim Spaziergang geübt werden.

Ein straffes Workout

Qi Gong erinnert an eine Kombination aus Gymnastik, Meditation und Kampfsport und all das, in Zeitlupe. Diese Übungen haben **poetische Bezeichnungen**. Wie zum Beispiel "Der Kranich fliegt über das Wasser".

Durch die Bewegungen, die mit dem Atem verknüpft werden, wird das Qi in Fluss geraten und so in die ideale Richtung gelenkt.
Mit täglichen Übungen aktivieren Sie den Fluss des Qi sowie Akupunktur Punkte. All das wirkt sich positiv auf die Gesundheit aus.
Qi Gong ist **die Entschleunigung**. Der Fokus liegt ganz auf dem Körper und darauf, gutes Qi fließen zu lassen. Diese Form von Heilgymnastik schafft eine ruhige und auch zufriedene Stimmung. Sie tanken Kraft und speichern Sie sinnvoll ab.

Die Zeitlupenbewegung soll zudem die Selbstheilung unterstützen. **Stress, Asthma, Rücken- und Kopfschmerzen** können durch Qi Gong abgemildert werden. Denn es hilft, sich zu entspannen, die Muskulatur zu lockern und den Stress von sich abfallen zu lassen.

Qi Gong für Alle!

Qi Gong eignet sich perfekt als alltäglicher Ausgleich. Der Vorteil ist, dass auch Menschen mit eingeschränkter Bewegungsfreiheit, nicht auf Qi Gong verzichten müssen. Hier bietet sich das Ausüben im Sitzen an. Zudem werden keine Hilfsmittel und nur wenig Platz benötigt.

Da zwar mit dem Atem gearbeitet wird, man jedoch nie richtig aus der Puste ist, hat Qi Gong **keine Altersbeschränkung**. Gerade in den asiatischen Ländern praktizieren vermehrt ältere Menschen Qi Gong und unterstützen damit den Erhalt ihrer geistigen Fähigkeiten und der körperlichen Flexibilität. Ihnen geht es dabei um Lebenskraft, psychische und körperliche Harmonie.

Risiken und Nebenwirkungen

Das Verletzungsrisiko liegt ungefähr bei null Prozent. Sich eine Zerrung bei den **Zeitlupenbewegungen** zu holen ist eher unwahrscheinlich.

Das größte Risiko, das man bei Qi Gong eingeht, ist keine Wirkung zu spüren und sich zu langweilen.

Die härteste Übung

Die härteste Übung hierbei ist das Loslassen. Die Dinge geschehen lassen und sich vom Alltag für einen Moment abgrenzen.
Um interessierten Einblick in das Qi Gong zu vermitteln, hier eine kleine Beschreibung von einfachen Qi Gong Übungen. Probieren Sie einfach aus und machen nach!

Ein Beispiel „Workout" mit Qi Gong!

Zur Vorbereitung auf die einzelnen Übungsschritte

Lassen Sie sich bei den Bewegungen unbedingt ausreichend Zeit. Es ist wichtig, dass Sie die einzelnen Positionen und fließenden Bewegungen möglichst genau erlernen. Auf keinen Fall sollten Sie sich durch die Übungen „**durchhetzen**". Bleiben Sie beim Praktizieren stets offen für Neues und achten darauf, wie Sie bei einer Bewegung fühlen und was die Übung in Ihnen auslöst.

Je vertrauter man mit der Praxis des Qi Gong ist, desto leichter wird es, die **Wirkung der Übung** zu spüren. Der Zustand dieser besonderen Ruhe ist äußerst meditativ.

Ein „Workout" nach Qi Gong können Anfänger oder Einsteiger in die chinesische Medizin und Lehre für sich einfach einmal austesten. Sie werden dann sehen, ob Qi Gong prinzipiell eine Option für sie ist und Ihnen ein gutes Gefühl gibt.

Die Grundposition

Hüftweiter Stand, die Füße sind parallel zueinander ausgerichtet. Das Gewicht wird gleichmäßig auf den gesamten Fuß verteilen. Gleichzeitig werden die Knie leicht gebeugt. Ihr Becken ist in einer mittleren Position, der Oberkörper locker aufgerichtet.

Stellen Sie sich vor, dass Ihr Steißbein zwischen die Fersen sinkt und der Scheitel zur Decke strebt. Wie als würden Sie ein Buch auf Ihrem Kopf balancieren.

Schultern sinken nach unten, Arme hängen ganz entspannt seitlich herab. Stellen Sie sich vor, Sie haben kleine Luftkissen unter Ihren Achseln.
Handflächen zeigen in Richtung der Oberschenkel, Finger geöffnet. Entspannen Sie die Gesichtsmuskulatur. Die Verbindung von Himmel und Erde wird durch Scheitel und Fersen symbolisieret. Spüren Sie nun Ihre Wirkung und lassen den Atem fließen.

Aktivieren Sie Ihr Qi

Starten Sie in der Grundposition. Atmen Sie ein und drücken Ihre Füße etwas in den Boden. Strecken Sie durch diesen Druck Hüfte und Knie. Ihr Oberkörper richtet sich so gerade auf. Arme nun gleichzeitig vor Ihrem Körper bis Höhe der Schultern heben. Handflächen zeigen zum Boden.

Schultern zeigen nach außen. Ihr Gewicht Ausatmen wieder nach unten, Richtung Boden sinken. Knie sind entspannt. Wichtig hierbei ist, dass Sie die Knie niemals über Ihre Fußspitzen vorschieben. Füße behalten insgesamt stabilen Kontakt zur Erde. Arme werden parallel herunter geführt. Lassen Sie diese entspannt neben dem Körper baumeln. Bleiben Sie bei jeder Übung stets aufrecht. Achten Sie auf eine sanfte Spannung im Körper um die Positionen richtig durchführen zu können.

Öffnen Sie Ihren Brustkorb

Ihr Stand ist hüftweit. Bei der Einatmung beginnen Sie sich nun aufzurichten. Lassen Sie Ihre Arme dabei wieder auf Höhe des Brustbeins steigen. Arme öffnen, sodass diese sich jedoch noch leicht vor den Schultern befinden. Über das auseinander führen von Schulter und Armen weitet sich der Brustkorb so und öffnet sich.

Das Körpergewicht beim Ausatmen langsam sinken lasse. Die Arme führen Sie wieder zueinander. Atmen Sie aus und lassen Sie die Arme vor dem Körper in Richtung Boden fließen.

Wolken teilen

Der Stand ist wieder hüftweit, Hände werden vor Ihrem Unterbauch übereinander geführt. Sie berühren dabei weder sich selbst, noch den Bauch. Lassen Sie Ihren

Körper nun mit dem Einatmen langsam nach oben steigen. Hände hierbei vor dem Körper auf Höhe der Stirn anheben.

Entspannen Sie Ihre Schultern, lösen Sie beim Ausatmen die Knie. Gewicht des gesamten Körpers senken, gleichzeitig Arme über außen hinabführen, bis sie sich wieder vor Ihrem Unterbauch befinden. Füße behalten stets guten Bodenkontakt.

Rudern

Positionieren Sie sich in einem hüftbreiten Stand, Knie sind entspannt. Ihre Arme lassen Sie dabei etwas sinken und drehen die Handflächen nach außen. Einatmen, Arme ansteigen lassen. Hierbei Arme in einer kreisförmigen Bewegung nach hinten und oben ausstrecken. Führen Sie die Bewegung möglichst langsam und fließend durch.

Atmen Sie aus und schließen Sie Ihre Hände dabei zu lockeren Fäusten, wie als würden Sie nach einem Ruder greifen wollen.
Lassen Sie den Körper dabei sinken, lösen Sie die Knie und lassen Sie Ihre Arme schulterweit nach unten sinken. Senken Sie Ihre Hüfte. Während Sie die Fäuste wieder lösen, drehen Sie Ihre Arme nach außen, bis Ihre Handfläche in diese Richtung zeigen.

Die Wildgans

Hierfür sollten Sie sich erneut hüftbreit hinstellen, tief einatmen und die Füße sanft in die Erde pressen, strecken Sie Ihre Beine sanft. Fersen und Ballen behalten hierbei festen Kontakt zu dem Boden. Ihre Arme strecken Sie nun gleichzeitig zu Ihren Seiten bis zu den Schultern aus. Lassen Sie sie langsam steigen. Handflächen sind dabei nach unten gerichtet. Stellen Sie sich vor, dass Ihre Arme noch weiter in die Länge wachsen.

Beim Ausatmen senken Sie die Fersen und lassen Sie iIhr ganzes Gewicht sinken. Knie entspannen sich und die Arme bewegen sich wieder langsam seitlich am Körper nach unten. Achten Sie darauf, dass die Schultern stets locker sind.

Beruhigen Sie Ihr Qi

Auch hier befinden Sie sich wieder in einem hüftbreiten Stand. Die Hände positionieren Sie übereinander und knapp unterhalb des Bauchnabels.Hier befindet sich das untere Dantian,. Dabei handelt es sich um eine Art des Energiezentrums.

Ihre Ellenbogen zeigen währenddessen ganz entspannt zu den jeweiligen Seiten. Verweilen Sie nun mit Ihrer Aufmerksamkeit im Dantian und lassen Ihren Atem dabei fließen.

#Einrichten nach Feng-Shui

Viele streben nach einem harmonischen Zuhause, in dem man sich wohlfühlen und abschalten kann. Die **Einrichtung der Wohnung** hat großen Einfluss auf die Gesundheit und das eigene Wohlbefinden. Man kann damit sein Zuhause zu einer harmonischen Oase machen.

Alles, was einen in seinen eigenen Wohnräumen umgibt, besteht aus dem sogenannten Chi, der positiven Energie. Die Wohnraumgestaltung nach Feng-Shui soll dafür sorgen, dass das Chi fließen kann und die eigene Gesundheit und die Lebensqualität dadurch gesteigert wird.

Machen Sie sich hier keine Sorge, dass man auf bestimmte Einrichtungsstile verzichten muss. **Einrichtungsbestandteile** wie Zimmerbrunnen, Steindrachen und Klangspiele an der Decke bringen hier allerdings gar nichts. Richten Sie sich lieber nach der „Bagua“ Methode ein, dazu später.

Um sich wohlzufühlen und abschalten zu können, benötigt man immer eine **spirituelle Komponente**. Man kann sich nur entspannen, wenn sich dieses Gefühl auch in den eigenen Wohnräumen widerspiegelt. Hier spielen unter anderem Farben, Formen, Licht und Materialien eine wichtige Rolle.

Seien Sie konsequent

Bei zu viel Unordnung kann es zu Unwohlsein kommen. Eine harmonische Umgebung hingegen, die ordentlich ist und klare Strukturen aufweist, lässt das Chi fließen und man fühlt sich gleich viel wohler.

Man sollte hierbei alle Wohnräume genauer betrachten – was gehört hier herein und was nicht. Kisten mit Karnevalskostümen oder gar Weihnachtsschmuck gehören nicht in den Kleiderschrank, sondern in den Keller. Weg damit!

Das Gleiche gilt für Wohnzimmer, Arbeitszimmer oder auch das Bad. Alles, was nicht in den Raum gehört oder in vielfacher Ausführung vorhanden ist, sollte entsorgt werden.
Grundsätzlich sollte man auf Ordnung und auf gut ausgewählte Wohnaccessoires Wert legen. Man kann die Dekoration den **einzelnen Jahreszeiten** wunderbar anpassen. Achten Sie hierbei stets auf Harmonie. Gehen wir im Folgenden die Räume im Einzelnen durch.

Wohnzimmer

Das Wohnzimmer ist der zentrale Ort, an dem sich alle Bewohner bzw. Familienmitglieder versammeln. Es ist ein Ort der Entspannung und gleichzeitig ein Raum für Gespräche und Unterhaltung.

Um hier für eine nach Feng-Shui ausgerichteten Harmonie zu sorgen, sollte man auf folgendes achten:

Man sollte auf kräftige Farbakzente setzen, um das Wohnzimmer lebendig wirken zu lassen. Pflanzen mit runden Blättern wirken weich und lassen das Chi fließen.

Um am Abend schön entspannen zu können, achten sie darauf, dass die Couch und der Sessel an einer stabilen Wand ausgerichtet sind und man einen weiten Blick in das Wohnzimmer hat.

Die Mitte des Raumes sollte optisch hervorgehoben werden und man sollte versuchen, diesen möglichst frei zu halten. Dafür kann man einen runden Teppich einsetzen, der farblich gut zu den Wohnmöbeln und Wohnaccessoires passt. Alternativ kann auch auf eine große runde Deckenleuchte zurückgegriffen werden. Das Ziel ist es, das **Zentrum des Raumes** zu betonen, damit Kraft und Ruhe ausgestrahlt werden.
Generell sollte man auch verschiedene Lichtinseln einsetzen. Eine einheitliche Deckenbeleuchtung wirkt nicht sonderlich harmonisch. Gerne auch mit unterschiedlicher Lichtstärke. Denn es ist wichtig eine Ausgewogenheit zwischen hellem und dunklerem Licht zu schaffen.

Man sollte ausschließlich **gesunde Pflanzen** vor eine Fensterfront stellen, da diese das Chi erhalten.

Was man unbedingt vermeiden sollte:
Eng zusammenstehende Möbel und eine unruhige Ausrichtung führt auch unterbewusst zu Unruhe.
Spiegel haben im Wohnzimmer nichts verloren. Falls man doch nicht darauf verzichten will, sollte man diesen nicht hinter den Sitzmöbeln anbringen. Dadurch könnte man sich leicht beobachtet und dadurch unsicher fühlen. Außerdem sollte auf Möbel und Dekorationen mit Spitzen und unruhigem Design generell lieber verzichtet werden.

Schlafzimmer

In diesem Zimmer verbringt man die meiste Zeit des Lebens – das ist einem gar nicht so bewusst. Das Schlafzimmer dient zur Erholung. Um auch einen erholsamen Schlaf zu geniessen, achten Sie auf folgende Dinge.

Ihr Bett an der richtigen Stelle

Das Bett sollte mit dem Kopfteil an eine solide Wand gestellt werden – bitte nicht direkt unter ein Fenster.

Idealerweise steht das Bett so, dass man sowohl die Tür als auch das Fenster im Blick hat. Das verschafft Ihnen unterbewusst ein Gefühl von Sicherheit.

Aufbewahrungen

Kleidung, Wäsche, Schuhe, etc. sollen in geschlossenen Möbeln wie Kommoden und Schränken aufbewahrt werden. Sollte man einen begehbaren Kleiderschrank planen, nutzen Sie dafür den Bereich zum Fußende des Bettes. Achten Sie darauf, dass sich Ihr Kleiderschrank immer mit einer Tür verschließen lässt.

Neue Ordnung im Kleiderschrank

Tauschen Sie neu gegen alt aus – das ist die neue Ordnung im Kleiderschrank. Hat man sich ein neues Kleidungsstück gekauft, so entsorgt man im gleichen Zug ein altes Kleidungsstück. Dadurch kann man Chaos konsequent vermeiden. Man hat einen klaren Überblick über seine Kleidung, spart Zeit und suchen – ja suchen fällt auch gänzlich weg. Denn das Kleid von vor 2 Jahren, welches 2 Nummern zu klein ist oder einfach nicht mehr zu Ihnen passt raubt nur Platz und Energie. Also raus damit!

Beim Ausmisten des Kleiderschranks sollte man also ganz objektiv abwägen, ob man beispielsweise die Bluse , was schon ein Jahr ungetragen im Schrank hängt, überhaupt jemals noch anziehen wird.
Auf Dauer wird einem dies viel Zeit und Arbeit einsparen und einen klar strukturierten Kleiderschrank bescheren.

Das Bett

Auch rund um Ihr Bett ist es wichtig Ordnung zu schaffen. Viele verstauen schwere Sachen wie Koffer, Bücher, etc. unter dem Bett.
Unter dem Bett sollte jedoch nichts gelagert werden, da dies zu Unruhe führen kann. Freiraum und eine harmonische Umgebung, sowie Ordnung, sollte im Schlafzimmer herrschen – auch wenn man nicht unter das Bett schauen kann.

Dekoration und Farben

Es sollten dezente Dekorations-Elemente im Schlafzimmer verwendet werden, wie leichte Vorhänge und Kissen. Aber auch Bilder, die eine positive Wirkung haben, kann man gerne im Schlafzimmer aufhängen. Farbtöne wie weiß, ein sanftes Braun bzw. ein schöner und nicht aufdringlicher Sandton, sind ideal. Auch ein helles Blaugrau sorgt für Ruhe und Entspannung.

Vermeiden Sie unbedingt jegliche Dekoration mit Wasser oder Spiegel. Diese Elemente sorgen lediglich für Unruhe und stören den Schlaf.

Was Sie vermeiden sollten.
Verzichten Sie auf schwere Regale, Bilder, Lampen über dem Kopfende. Zudem gehören jegliche Elektrogeräte, auch das Smartphone, aus dem Schlafzimmer verbannt, um auch erholsam schlafen zu können. Spiegel sollten im Schlafzimmer auch lieber nicht aufgehängt werden. Verzichten Sie auf klobigen Möbelstücke, harte Materialien und düstere Farben.
Da Dinge direkt über dem Kopf eine eher negative Wirkung haben, hängen Sie dort keine Lampen auf und vermeiden Schrägen.

Badezimmer

In diesem Raum geht es prinzipiell um die **Reinigung des Körpers**. Gleichzeitig soll man sich auch zurückziehen und entspannen können. Viele Menschen lieben Ihr heißes Bad mit Kerzen und angenehmer Musik im Hintergrund.
Das Badezimmer wird so mehr und mehr zum Wellness Bereich. Deshalb sollten Sie hier unbedingt auf eine saubere aber gemütliche Atmosphäre achten. Denn ein zu steriles Badezimmer wirkt eher wenig entspannend.
Das Bad sollte hierbei nicht in das Schlafzimmer oder einen anderen Raum integriert sein. Es sollte ein separater Raum in Ihrem Zuhause sein. Idealerweise lichtdurchflutet mit einem Fenster. Die Toilette sollte dabei nicht genau gegenüber der Tür liegen.

Wenn man in der Badewanne liegt, sollte man direkten Blick auf die Tür haben – und idealerweise auch einen schönen Ausblick auf Pflanzen, Deko und den aufgestellten Kerzen. Ansonsten werden Sie unterbewusst während des ganzes Bades das Gefühl haben, dass nun jemand von hinten hineinkommt. Türen im Rücken sind nach Feng Shui nämlich nie gut.

Im Badezimmer benötigt man **ausreichend Stauraum** für Handtücher, Kosmetik und Toilettenpapier. Am besten stellt man dafür einen Badezimmerschrank mit Tür auf, in dem man alles problemlos verstauen kann. Wenn Sie über ausreichend Platz in Ihrem Bad verfügen, dann können die Utensilien auch auf einzelne Kommoden aufgeteilt werden.

Nassräume sind im Feng-Shui im Allgemeinen aber energetisch betrachtet eher ungünstig. Waschbecken, Toiletten und Duschen haben Öffnungen nach außen, durch die auch die Energie abfließen kann.

Man sollte daher, um den Energieverlust ausgleichen zu können, mit Naturtönen arbeiten. **Terra Cotta, Beige oder Creme** eigenen sich besonders gut dafür, um die Energie zu stabilisieren. Auch wirken diese entspannend und beruhigend. Die Farbe Rot sollte man in dem Raum prinzipiell vermeiden. Diese Farbe ist nach der Lehre Feuer zugeordnet und verträgt sich mit Wasser nicht besonders. Grün hingegeben ist eine ideale Farbwahl, da man dadurch noch unterstützend mehr Leben und Frische in den Raum bringen kann.

Küche

Einer der wichtigsten Räume ist natürlich die Küche. Dort bekocht man seine Familie und setzt sich gemeinsam zum Essen an einen Tisch. Aber auch Freunde nehmen in diesem Raum gerne Platz. Es ist neben dem Wohnzimmer der geselligste Raum und der in dem wir gemeinsam Essen. Deshalb ist eine wohlfühl Atmosphäre hier besonders wichtig.

Wählen Sie eine Arbeitsfläche aus Granit oder Stein, das Schneidebretter aus Holz und pflanzen Sie sich einen eigenen kleinen Kräutergarten. Auch können Sie gerne kleine Kräutertöpfe vor dem Fenster aufstellen.

Messer sollten in der Schublade oder in einem Messerblock verstaut werden und nicht an einer Magnetleiste an der Wand.
Der Arbeitsplatz sollte so ausgerichtet sein, dass man einen freien Blick in die Küche hat.
Stellen Sie einen runderen Tisch beziehungsweise ein Tisch mit abgerundeten Ecken auf. Dieser sollte so platziert sein, dass nur wenige der Personen mit dem Rücken zur Tür sitzen.
Weiß- und Cremetöne in der Küche kombiniert mit frischen und knalligen Farbtönen, wie zum Beispiel Grün, wirkt besonders gut. Die Farbakzente kann man auch in Form von Geschirrtüchern oder Elektrogeräten setzen.

Nahrungsmittel richtig aufbewahren

Nach dem Wohn- und dem Schlafzimmer kommen wir nun zur Küche.
Da wird sich sicher das ein oder andere finden, was man gar nicht benutzt. Messer oder bestimmtes Besteck liegt einfach ungebraucht in der Schublade. Man sollte ganz klar entscheiden, was ständig im Einsatz ist und was man immer braucht und was eigentlich nur „Schmuckware“ ist.

Backzutaten werden gerne mal gehortet. Aber auch andere Lebensmittel stehen oft monatelang im Küchenschrank – schauen Sie hier unbedingt einmal auf das Haltbarkeitsdatum.

Ein absoluter Klassiker ist im Übrigen Puddingpulver. Das wird auch mehr gehortet als dass es zubereitet wird. Oder auch Brühwürfel. Man wird es kaum glauben, was alles weggeworfen werden kann. Planen Sie deshalb Ihren Einkauf oder Ihre Mahlzeiten öfter einmal durch. So haben Sie keine unnötigen Lebensmittel im Haus und befreien Ihre Küche von Ballast.

Richtiger Umgang mit Lebensmitteln

Die Küchenschränke aussortieren ist das eine – das andere ist noch viel interessanter. Der Kühlschrank. Sortieren Sie auch hier gerne um.
Die frisch eingekauften Dinge werden vorne platziert, was aber dazu führen kann, dass dahinter Lebensmittel vor sich hin verderben. Das fällt einem meist zu spät auf. Letztendlich werden eigentlich gute Sachen

weggeworfen, was sehr schade ist. Achten Sie daher stets auf das Mindesthaltbarkeitsdatum.
Ist dieses abgelaufen, heißt das aber auch nicht zwangsweise, dass die Lebensmittel in den Müll gehören. Schauen Sie sich das Produkt genau an und testen Sie. Alles noch in Ordnung? Dann genießen Sie ganz beruhigt. Bei Lebensmitteln wie Fisch, Fleisch, Eiern etc. seien Sie aufgrund der Salmonellen jedoch vorsichtig. Hier ist es sicherer sich an das exakte Datum zu halten.

Pinnwände, Kühlschrankfronten werden gerne als „Notizblock" benutzt. Alles, was schon erledigt ist, sollten Sie jedoch relativ schnell wegwerfen. Postkarten, alte Eintrittskarten und ähnliches gehören dort ebenfalls nicht hin. Wenn man sie aufbewahren möchte lieber nicht in der Küche.
Legen Sie sich zum Beispiel eine „Erinnerungsbox" an. Einen schönen Karton der groß genug ist um solche Dinge aufzubewahren. Diesen können Sie dann in einem anderen Raum platzieren. So müssen Sie Nichts wegwerfen, was positive Erinnerungen mit sich trägt.

Das sollten Sie unbedingt vermeiden:
Der Herd und die Spüle sollten nicht direkt nebeneinander oder gegenüber stehen. Feuer und Wasser als Element vertragen sich einfach nicht und das könnte den Energiefluss negativ beeinträchtigen. In der Feng-Shui-Lehre gelten Induktionsherde zudem als ein negatives und starkes Magnetfeld. Daher sollte man eher auf einen Gasherd setzen.

Achten Sie auch darauf, dass der Raum nicht von außen einsehbar ist. Zudem gilt, die Farbe Rot ist in der Küche tabu!

Arbeitszimmer

In vielen Wohnungen findet man heute ein separates Arbeitszimmer. In dem Arbeitszimmer sollte eine gute Energie fließen, da Sie die Aktivität und Kreativität fördert. Versorgen Sie diesen Raum daher großzügig mit Chi.

So erreichen Sie Ihr Ziel!

Das Zimmer sollte hell und gut zugänglich sein. Im günstigsten Fall liegt das Arbeitszimmer im Südosten oder Nordwesten. Das wäre die ideale Himmelsrichtung für ein Büro zuhause. Der **Standort des Schreibtisches** sollte gut gewählt sein. Er sollte nicht an der Wand stehen. Auch sollten Sie vom Schreibtisch aus einen freien Blick in den Raum haben können.

Das Material des Schreibtisches spielt eine ebenso große Rolle. Setzen Sie am besten auf einen Vollholztisch. Denn ein Glasschreibtisch wirkt kalt und instabil. Aber auch die Form ist wichtig.
Sollte man im Management tätig sein, dann sollte man eher auf einen eckigen Schreibtisch setzen. Dieser fördert die Entscheidungsfähigkeit.
Wenn man **kreative und kommunikative Aufgaben** zu erledigen hat, ist ein runder oder ovaler Tisch sinnvoll. Es kommt also ganz darauf an, welche Aufgaben und Tätigkeiten man nachgeht. Überlegen Sie also gut, was Sie für Anforderungen an Ihren Arbeitsplatz haben und welche Tätigkeiten dort wirklich erledigt werden.
Aber auch hier gilt wieder, Ordnung ist das halbe Leben. Jegliche Utensilien sollten in Schränken und geschlossenen Regalen verstaut werden. Pflanzen gehören unbedingt ins Arbeitszimmer. Sie sorgen für Frische und Energie. Auch kleine motivierende Deko ist sinnvoll. Da Sie sich allerdings an Ihrem Arbeitsplatz

befinden, seien Sie vorsichtig, dass es nicht zu viel wird. Verzichten Sie allerdings lieber auf Kakteen.

Der Eingangsbereich

Den Flur betritt man als erstes, wenn man in eine Wohnung geht. Bei der Einrichtung beziehungsweise Gestaltung sollte man daher darauf achten, dass er wohnlich wirkt und Besucher und Familienmitglieder auf Anhieb willkommen heißt.

In der Feng-Shui-Lehre gibt es hierzu hilfreiche Tipps:

Der erste Eindruck zählt – wenn man die Wohnungstür öffnet, dann sollten man darauf achten, was einem als erstes auffällt. Dreckige Schuhe oder schöne Möbel?
Ein flauschiger Teppich im Eingangsbereich in einer warmen Farbe ist ideal. Dieser schafft eine freundliche Wohnatmosphäre.

Flur und Eingang sollte einen gewissen Platz bieten. Wenn dieser nur dafür da ist, dort seine Schuhe und Jacken zu lagern, entsteht hier kein **„Willkommensgefühl“.** Daher sollten Schuhe und Jacken in Schränken verstaut werden.
Haben Sie schon mal etwas von dem „Durchschuss“ gehört? Darunter versteht man Folgendes. Das Chi strömt durch den Eingang in die Wohnung, fließt den Flur entlang und entfleucht direkt wieder durch die stets offene Terrassen- bzw. Balkontür – es kann nicht gehalten werden. Um dies zu verhindern, kann der Durchschuss beispielsweise durch quer liegende Teppiche oder eine geschlossene Wohnzimmertür „ausgebremst“ werden.

Das „Bagua-Raster“

Bagua heißt übersetzt „Acht Trigramme“. Für die Einrichtung einer Wohnung wird der Grundriss in Bereiche eingeteilt und jedem davon werden Eigenschaften eines Trigramms zugeordnet. Damit kann man eine ideale Aufteilung, Ausstattung und Nutzung der Wohnräume schaffen.

Das Bagua ist in acht Lebensbereiche bzw. Häuser unterteilt:

Karriere

Hier wird der Lebensweg symbolisiert. Dieser Bereich sollte hell und klar und wenn möglich in einem Blauton gestaltet werden.

Freunde

„Hilfreiche Freunde“ symbolisiert Unterstützung und Schutz. Man sollte diesen Bereich einladend gestalten, wie zum Beispiel mit Blumen, Metallobjekte und Edelsteinen. Hier ein paar schöne Beispiel dazu. In diesem Bereich passen die Farben Weiß, Grau, Silber und Schwarz.

Kinder

Dies Haus steht für den Beginn und das Leben an sich, das immer wieder neu erschaffen wird. Dieser Bereich eignet sich gut für ein helles Arbeitszimmer mit schönen Bildern und blühenden Pflanzen.

Partnerschaft

Der Abschnitt der Partnerschaft steht für die zwischenmenschliche Beziehung. Er sollte gemütlich gestaltet sein, sodass man sich gerne dort aufhält. Eine Sitzecke oder ein runder Tisch, an dem man gemeinsam essen und reden kann, unterstreicht die harmonische Energie. Gelbtöne, Weiß und Rosé wirken hier sehr gut.

Ruhm

Dies steht im Feng-Shui dafür wie man durch andere wahrgenommen wird. In dem Bereich sollte man auf die Farbe Rot und helle Wohnmöbel setzen – sie sorgen für eine positive Außenwirkung.

Reichtum

Hier geht es um finanziellen Wohlstand und bereichernde Erfahrungen. Grün- und Rottöne passen für diesen Bereich perfekt.

Familie

Das Haus Familie kann man mit schönen Bildern oder einer Fotowand mit Aufnahmen der Familie gestalten. Es steht zudem für Vorfahren und den Eltern.

Wissen

Hier geht es um innere Erkenntnis. Zudem verbindet es Beständigkeit und Willenskraft. Dieser Bereich wäre perfekt für eine Bibliothek oder einen Leseplatz geeignet. Gestalten Sie diesen mit Grüntönen und roten Akzenten.

Diese Lebensbereiche beziehungsweise Häuser müssen richtig angeordnet sein. Nur so kann man mithilfe des Bagua den Chi Fluss richtig steuern. Die oben genannten Empfehlungen in den einzelnen Bereichen sollten auf alle Fälle umgesetzt werden, um den perfekten Chi Fluss zu erreichen. Jedes Haus ist hierbei zusätzlich einem Element zugeordnet, welches in Verbindung mit der Fünf-Elemente-Lehre steht.

Der Wind / Haus Reichtum

Dies Haus kann man durch leere Schalen, frische Blumen oder Bildern mit Wassermotiven verstärken.

Das Feuer / Haus Ruhm

Der Bereich steht für Willensstärke und Selbstbewusstsein. Aktivieren Sie Ihn mit hellem Licht und Kunstwerken.

Die Erde / Haus Partnerschaft

Hier gestaltet man mit zweiteiligen Deko Elemente und helles Licht.

Der Donner / Haus Familie

Unterstützen Sie gerne mit Familienportraits und frischen Blumen.

Die Mitte / Zentrum

Dieser Bereich steht für Ausgeglichenheit und Gesundheit. Harmonie steht im Zentrum, den man durch Erdtöne und Licht verstärken kann.

Der See / Haus Kinder

Hier kann man seiner Kreativität freien Lauf lassen, in dem man Bilder an den Wänden anbringt oder diesen Bereich mit Selbstgebasteltem schmückt.

Der Berg / Haus Wissen

Ruhe sollte ausgestrahlt werden. Man kann diesen durch helles Licht und leere Gefäße, wie zum Beispiel durch Vasen verstärken.

Das Wasser / Haus Karriere

Die Einrichtung muss unbedingt im Einklang stehen. Deko, Möbel und Licht müssen ein harmonisches Bild ergeben. Unnötig herumliegende Dinge sollten Sie wegschaffen, denn hier muss alles seinen Platz haben.

Der Himmel / Haus Hilfreiche Menschen

De Himmel kann man mit Fotos von Freunden oder mit Klangspielen verstärken.

Wie man erkennen kann, spielen Farben, Materialien und Formen in bestimmten Bereichen eine wichtige Rolle. Sie helfen, dass Chi besser fließen lassen zu können und das Zuhause mit einer wohligen, positiven Atmosphäre zu bereichern.

#Das alles umgebende Chi

Das Schriftzeichen

Dieses stellt einen Reis Topf dar, aus dem Dampf aufsteigt. Es symbolisiert aufsteigende, nach oben wachsende Bewegung und steht somit für das Leben an sich.

Bedeutung

Chi steht für Lebensenergie. Es ist die allumfassende Energie und die eigentliche Grundlage der chinesischen Lehre. Durch dieses Wissen und angepassten Veränderungen in Architektur und Einrichtung kann der Fluss des Chi geleitet werden. Hierbei ist es wichtig, die fließenden Bewegung zu erkennen, zu harmonisieren und gegebenenfalls zu intensivieren.
Befindet man sich damit in Einklang, so kann man laut der asiatischen Lebensweise von körperlicher und geistiger Gesundheit sprechen.

Das Konzept dahinter

„Die Welt als sichtbare Welt zu erfassen und zum anderen das offensichtliche Wirken gearteter unsichtbarer Kräfte zu registrieren, ist eine Grunderfahrung des menschlichen Daseins".

Dies ist ein zentraler Leitsatz in der Feng-Shui-Lehre. Als Sichtbares bezeichnen wir unsere Umwelt und alles Materielle. Nicht sichtbar sind Atem und Puls, die uns anzeigen, dass der Mensch lebt. Feng-Shui hat das Ziel, eine Harmonie zwischen diesen Seiten herzustellen. Mit den eigenen Bedürfnissen im Einklang, soll diese so eine positive und angenehme Atmosphäre schaffen.

Entdecken Sie den Minimalismus

Der einfache Lebensstil

Kleidung, Deko, Bücher, viele Menschen neigen gerne zum Sammeln solcher Dinge – und das mit Leidenschaft. Aber auch Postkarten, Fotos aus vergangenen Tagen verstauben im Schrank.
Doch genau das, hält in der Vergangenheit fest und entzieht Energie.
Sie sind somit regelrechte **„Energieräuber"**. Trennen Sie sich deshalb von all dem Überfluss und genießen es, weniger zu besitzen.

Minimalismus heißt nun aber nicht, dass man auf jeglichen Konsum verzichten muss. Es geht hierbei eher darum, bewusster zu leben und zu konsumieren. Jegliche Anschaffung sollte man ab jetzt besonders genau vorab auf Notwendigkeit hinterfragen – brauche Ich das wirklich?

Ordnung schaffen ist angesagt!

Und hier gilt; nicht nur im Wohnraum, sondern auch all der gedankliche Ballast muss weg.

Dabei helfen folgende Fragen zur Selbstreflektion:

Zuerst einmal finden Sie heraus wo Ihre Werte liegen, und was Ihnen wichtig ist. Worauf können Sie verzichten? Hier sollten Sie auch unbedingt auf die Aspekte achten, von denen Sie wissen, dass Sie Ihnen guttun.

Wichtig hierbei; Nehmen Sie sich unbedingt Zeit für all diese Veränderungen und Gedankenanstöße!

Die Besten Gründe für Ordnung

Mehr Zeit!
Man kann einfacher Prioritäten setzen. Das erspart Hektik. Zudem verschafft minimalistischer Konsum einem mehr Zeit. Die Zeit, die man sonst mit Suchen, Einkaufen, etc. verbringen, fällt einfach weg.

Achtsames sparen
Konsumieren Sie weniger, bleibt am Monatsende natürlich mehr Geld übrig. Vielleicht wäre das die Chance, mehr beiseite zu legen oder in den Urlaub zu fahren? Hier merken Sie dann besonders, ob sich der Wandel Ihres Lebensstils gelohnt hat.

Neue Energie

Man hat die Chance, sich völlig neu zu ordnen. Alles Alte, jeglicher Mist – raus damit! Damit schafft man neue Energie. Man wird feststellen, dass man sich viel freier fühlt. Der alte Ballast wurde Ihnen plötzlich von den Schultern genommen. Welch Erleichterung!

Der **Minimalismus ist ein Geschenk** an sich selbst.
Man wird viel leichter für sich feststellen, was man im Leben wirklich braucht und was nicht.
Sie können sich dann auf das Wesentliche konzentrieren, den Kopf abschalten und zur Ruhe kommen. Prioritäten zu setzen, fällt dann plötzlich ganz leicht.

Für und Wieder des Minimalismus

Konsum und Besitz sind in der heutigen Zeit ein wichtiger Status. Wer in gewissen Dinge nicht mithält, wird ausgegrenzt oder auch abgestempelt. Trotz oder gerade deswegen, wird Minimalismus immer mehr zum Trend.

Minimalismus wird unterschiedlich definiert. Für die bedeutet der minimale Lifestyle, Ihre Wohnung einfach aufzuräumen und überflüssige Dinge zu entsorgen. Andere wiederum verstehen darunter, dass man überhaupt nur sehr wenig besitzt.

Auch auf geistiger Ebene kann Minimalismus betrieben werden. Man kann sich damit bewusst für **Entspannung** anstatt Reizüberflutung entscheiden. Hier gilt Großzügigkeit, anstatt **Konkurrenzdenken**. Achtsamkeit statt Ablenkung.

Pro

Zum einen schaffen Sie sich mehr Freiheit, denn man vergeudet weniger Zeit für Einkaufen, Aufräumen und Putzen. So haben Sie mehr Zeit für die schönen und wesentlichen Dinge im Leben. Auch werden Sie ein neues Wertbewusstsein entwickeln und lernen so, sich leichter von Dingen trennen.

Wettstreit mit anderen und Bestätigung von außen brauchen Sie zukünftig nicht mehr, um sich gut zu fühlen.
Das alles macht Sie unabhängig von Geld.

Contra

Seien Sie jedoch auch hier vorsichtig und halten Sie stets eine Balance. Zu radikaler Minimalismus kann ins extreme Abdriften. Dann stehen wir uns eher selbst im Weg statt uns positiv zu wandeln. All die Veränderungen sollten bewusst geschehen.
Weniger ist oft mehr, lassen Sie sich hier nicht in Ihrer Kreativität einschränken.

Man kann durch seine neue Lebensweise aber auch bei seinen Mitmenschen anecken und auf Unverständnis stoßen. Konflikte könnten entstehen. Das könnte für den ein oder anderen schwierig werden. Geben Sie deshalb auch Ihrem Umfeld Zeit, sich an die Veränderungen in Ihrem Leben zu gewöhnen.

Farbspiele bewusst einsetzen

Feng-Shui ist durch Yin und Yan für die Farben Schwarz und Weiß bekannt. Allerdings kann man hier mit einer **Vielzahl an Farben** arbeiten, die zu Harmonie und Wohlfühlen führen sollen.

Die Farbpalette im Überblick:

Wie bereits erwähnt, sind Schwarz und Weiß die präsentesten Farben in der chinesischen Lehre. Weiß steht hier für das Gute und Schwarz für alles Böse. In der chinesischen Tradition haben die Farben aber noch viel tief gehender Bedeutungen.

Schwarz & Weiß

Weiß steht für Reinheit, Helligkeit und Unschuld.

Zu viel weiß im Wohnbereich kann aber schnell einen sehr sterilen Eindruck herbeiführen. Dann kommen Sie sich schnell vor, wie im Wartezimmer Ihres Hausarztes. Um das zu vermeiden, lockern Sie die farbliche Eintönigkeit unbedingt auf. Schwarze Akzente zum Beispiel, können hier einen gewissen Ausgleich schaffen.

Schwarz ist die Farbe, mit der das Leben „verneint" wird. Zu viel kann uns depressiv und einsam stimmen. Gerade wenn es jemandem nicht gut geht, sollte dieser Mensch vermeiden, sich in dunkle Räume zurückzuziehen.

Braun

Mit der Erde verbunden, spricht Sie für Bodenständigkeit. Braun lässt sich sehr schön durch Holzmöbel in die Wohnung integrieren. In solchen Räumen fühlt man sich oft gleich viel entspannter. Es symbolisiert die Natur in unserem Zuhause und beruhigt in gewisser Weise. Aber auch hier, stets auf eine Balance achten.

Silber & Gold

Diese beiden Farben zu kombinieren ist schwierig. Viele gehen davon aus, dass sie wie die Farben Schwarz und Weiß, für das Böse und Gute stehen. Dies ist aber nicht der Fall. Beide haben sehr positive Eigenschaften, die sich im Feng-Shui gut nutzen lassen.
Gold bejaht das Leben und kann somit eine heilende Wirkung haben.
Silber verschafft uns Glücksgefühle. Es stimmt Positiv und motiviert.
Setzen Sie diese Farben aber eher sparsam ein. Ergänzen Sie zum Beispiel in einem Raum Akzente in Gold durch passende Deko. In einem anderen Zimmer setzen Sie auf Silber. Schauen Sie hier nach dem Nutzen der Räume

Grau

Setzen Sie in Ihrer Wohnung stets nur graue Akzente, anstatt Räume komplett grau zu streichen. Dies kann Sorgen und Stress verursachen.

Rot

Die Farbe symbolisiert Aktivität und Kraft, aber auch Feuer, Wärme und Leidenschaft. Achten Sie hier darauf, die Farbe nicht zu intensiv in die Wohnumgebung einzubringen. Denn sie wirkt sehr polarisierend. Das kann leicht zu Aggressionen, Gewalt und unkontrollierter Leidenschaft führen. Auch hier sind dekorative Akzente ideal. Besonders gut lässt sich hier auch mit verschiedenen Rottönen arbeiten. Je nach Geschmack und Wirkung, die Sie erzielen möchten.

Gelb

Diese Farbe steht dem Licht am nächsten. Sie wird mit der Sonne verbunden, mit Helligkeit, sowie mit Lebensfreude und Offenheit. Die Farbe eignet sich perfekt für Ihr Arbeitszimmer, da Sie die Freude am Lernen und Arbeiten fördert. Sie motiviert uns und spendet eine besonders freundliche Atmosphäre.

Orange

Diese Farbe wirkt freundlich aber auch aufdringlich. Orange ist eine sogenannte Mischfarbe aus Rot und Gelb und hat auch deren Eigenschaften. Wenn jemand früh schwer aus dem Bett kommt, so ist die Farbe Orange hier ideal, da sie vitalisierend wirkt. Seien sie aber auch hier eher sparsam, denn gerade gestresste oder depressive Menschen sollten von Orange absehen. Schauen Sie also, ob dies die richtige Farbe für Sie ist und setzen Sie diese eventuell nur in bestimmten Räumen ein.

Violett

Diese Farbe erscheint es in unterschiedlichen Varianten. Flieder zum Beispiel ist ein sehr angenehmer Ton. Es steht für Vitalität und Leichtigkeit, aber auch für Harmonie und Sicherheit. Ein dunkleres Violett kann entspannen. Es wirkt beinahe mystisch auf uns. Hier können Sie nach Ihrem eigen Empfinden und nach Vorliebe entscheiden.

Rosa

Diese Farbe ist im Vergleich zu Violett zart und empfindlich. Menschen können durch Sie feinfühliger werden. Für ängstliche Menschen kann Rosa einen gewissen Schutz darstellen, sie können sich in solchen Räumen sicherer fühlen.

Lemon

Dieser frische Ton, der an die erfrischenden Zitrusfrüchte erinnert, wirkt entkrampfend und entspannend. Blockaden können dadurch verschwinden. Er vitalisiert uns und hilft voller Energie in einen neuen Tag zu starten.

Blau

Viele verbinden mit der Farbe das Meer und den Himmel. Auch wird sie als erfrischend empfunden. Im Feng-Shui steht Blau für Freiheit, Reinlichkeit und Lebensenergie. Grundsätzlich kann man in blauen Räumen sehr gut entspannen. Man sollte aber auf Akzente in Erdtönen als eine Art „Ausgleich" Wert legen.

Grün

Ähnlich wie Braun wird Grün mit der Erde in Verbindung gebracht. Man denkt an Wiesen, Bäume und

Wälder. In grün gestalteten Räumen, kann man besonders gut abschalten und entspannen.
Zuviel dieser Farbpracht kann jedoch Egoismus hervorrufen. Aufgrund der natürlichen Farbe, lässt sich grün besonders gut mit Braun kombinieren. Beide Töne symbolisieren die Natur und entspannen.

Türkis

Der Blauton ist die erfrischende Farbe. Sie erweckt Vertrauen und vitalisiert. Zudem fördert Türkis das Selbstbewusstsein. Wie alle anderen Farben, hat auch diese Farbe einen negativen Einfluss – sie kann Egoismus fördern. Seien Sie also auch hier vorsichtig.

#Die Gestaltung Ihres Hauses nach Feng Shui

Ein „Abstecher“ in die chinesische Architektur

Schon früh haben die Menschen durch ihre Erfahrung herausgefunden, worauf es bei dem bauen von Gebäuden ankommt. Dazu gehörte auch, wo man am besten siedeln und sollen.
Zum einen sollte das Haus nicht zu weit vom Fluss entfernt liegen, denn schließlich braucht man Wasser. Trotz allem jedoch auch nicht zu dicht an einem Fluss, aufgrund des jährlichen Hochwassers.

Auch auf einem Gipfel sollte lieber nicht gebaut werden. Denn es wäre bei einem Sturm absolut ungeschützt. Zum Wasser holen müsste man dann auch jedes Mal herunter und dann den Berg wieder rauf. Keine gute Lösung.
Die beste Lage war daher früher die windgeschützte Seite eines Hügels, etwa auf dem ersten Höhendrittel. Auf Basis dessen, entwickelte sich in hunderten von Jahren ein **ausgeklügeltes System**.

Heutzutage

Feng-Shui wird immer mehr in der Architektur genutzt und auch Innenräume werden immer häufiger danach ausgerichtet. Eine nach Feng-Shui gestaltete Wohnung

oder Haus kann sich positiv auf Ihre Lebensqualität auswirken.
Die Lehre des Feng-Shui gewinnt in diesem Gebiet immer mehr an Bedeutung, da ein **harmonisches Raumkonzept** eine so positive Wirkung hat. Es gibt Architekten, die sich auf Feng-Shui Hausbau spezialisiert haben.

Sie achten insbesondere auf den Energiefluss des Chi und die günstigen Richtungen. Auch wissen Sie, wie man sogenannten Kraftplätze gestaltet. Kurzum, durch solche Spezialisten verteilt sich die Harmonie im ganzen Haus.

Dabei greifen Sie auf Hilfsmittel, wie die acht **Bagua-Zonen**, in Zusammenhang mit den neun Lebensbereichen zurück. Farben werden Ihrer Wirkung nach ganz gezielt eingesetzt. Die Räumlichkeiten sollten zusammen mit einem Architekten nach den eigenen Bedürfnissen abgestimmt werden. Ohne einen Spezialisten stößt man hier sonst schnell an seine Grenzen.
Auch bei der Neugestaltung des Gartens nach Feng Shui können diese Profis zu Rate gezogen werden werden. Gleiches gilt für die ideale Ausrichtung und Lage des Grundstücks, auf dem das zukünftige Eigenheim entstehen soll.
Die Räumlichkeiten sollten von solchen Menschen zudem professionell nach dem Bagua-Raster ausgerichtet werden.

Folgendes sollte man unbedingt bei einem Neubau beachten, wenn man diesen nach dem Feng-Shui ausrichten möchte.

Die Türen und Fenster sollten in Ihrem neuen Heim nie in einer Ecke angebracht werden. Zudem gilt, die Eingangstür muss grösser sein, als die Hintertür.

In der Mitte des Hauses sollten sich weder Treppenhaus, Lift oder Bad befinde.

Planen Sie die ruhigen Räume, wie das Schlafzimmer, im hinteren Hausteil ein.

Haben Sie einen Keller, sollte man ihn weder zum Wohnen oder Arbeiten benutzen.

Achten Sie ebenso darauf, dass das Haus einen symmetrischen Grundriss hat. Die Zimmer sollten hier ebenfalls nach einer gewissen Symmetrie angeordnet sein.

Zuletzt wäre ein flaches Dach wäre optimal. Ansonsten sollte der Winkel der Dachschräge nicht mehr als 15 Grad betragen.

All diese Aspekte sind deshalb so wichtig, da durch die Wirkung zwischen Mensch und Raum ein ständiger Austausch zwischen Innen und Außen stattfindet.

Schon durch geringen Aufwand kann man den Energiefluss in den eigenen vier Wänden so ganz einfach verbessern. Dies schafft ein völlig neues Raumgefühl.

Legen Sie also gerade beim Bau eines Eigenheims auf einen Architekten mit Feng-Shui-Erfahrung großen Wert.

Was passiert bei einer Beratung nach Feng-Shui?

Zuerst werden die Formen, sowie die Faktoren der **äußeren Umgebung des Hauses** studiert.
Denn jedes noch so kleine Detail kann den Energiefluss beeinträchtigen. Anhöhen, Andere Gebäude sowie die Natur in der Umgebung, all das kann Einfluss ausüben.

Die Eingangstür ist hierbei mit einer "Satellitenschüssel" zu vergleichen. Der Winkel in dem sie steht, wirkt auf die gesamte Umgebung. Entweder **fördert Sie die harmonischen, positiven Energien** oder sie blockiert sie regelrecht.

Zunächst schaut man sich den Energiefluss im Innenbereich des Gebäudes an.

Jeder Raum im Haus hat ausgehend von der Ausrichtung des Hauses in Bezug auf die einzelnen Himmelsrichtungen, eine bestimmte Schwingung. Eine besonders gute Atmosphäre entsteht, wenn die Einflüsse analysiert und individuell aufeinander abgestimmt werden.

Solch eine Wirkung kann man sogar unabhängig vom persönlichen Geschmack erzeugen.

Ein harmonisches Yin und Yang sowie die Ausgewogenheit der fünf Elemente sorgt für eine Kommunikation der Gegenstände, Menschen und den Himmelsrichtungen miteinander.

Neben Akupunktur, Qi Gong, Kräutermedizin und Astrologie ist Feng-Shui ein zentraler Part der chinesischen Heilkunst. Es thematisiert das **Streben nach Harmonie** in der eigenen Umgebung.

Sind Gegensätze, im Gleichgewicht, befinden sich Yin und Yan im Ausgleich miteinander, so entsteht dann die positive Energie und das Wohlfühlen.

Diese **Harmonie** kann man ganz deutlich spüren, wenn man sich in einer Wohnung sehr wohl fühlt. Das führt zu "Zufällen" im positiven Sinne, manch einer mag es

Karma nennen. Ihre Lebensqualität wird sich somit deutlich verbessern.

#Wie jedes Zimmer zum Traumraum wird

Jeder ist auf der Suche nach positiver Energie. Viele versuchen ihre Lebenseinstellung zu ändern oder ihren Alltag neu zu gestalten. Der wichtigste Ort für Rückzug und Erholung aber, ist das eigene Zuhause.

Feng-Shui steht im direkten Zusammenhang mit dem Zustand der Seele. Energie lässt sich durch die Struktur in den Wohnräumen sowohl positiv als auch negativ beeinflussen.

Es gibt im Feng-Shui ein paar Grundregeln, die man zu Beginn beachten sollte:

Es sollte in allen Räumen für gutes Licht gesorgt werden. Das betrifft auch den Eingangsbereich, den Flur, Gänge, Treppenhäuser und Nebenräume. Dafür solle man allerdings keinesfalls Energiesparlampen und Neonröhren verwenden. Im Feng-Shui gelten diese als Energieräuber.
Jeder Raum braucht eine freie Mitte, damit sich die Lebensenergie gut verteilen kann.
Vorhänge sollte man am Tag offen haben, sie gelten als Auge der Wohnung oder des Hauses, über die auch viel Chi hineinströmen kann. Dieses Potential sollte man unbedingt nutzen.
Gesundes Grün und etwas Blühendes tun dem Energiefluss ebenso gut. Falls man kein grünes

Händchen haben sollte, dann so kann man auch auf Bilder mit Naturlandschaften zurückgreifen.
Man sollte es vermeiden, unter massiven und drückenden Balken, tiefen Dachschrägen oder gar vor dem Fenster zu schlafen. Im Feng-Shui ist das ein No-Go. WC oder Bad sollten nicht gegenüber dem Eingang oder der Schlafzimmertür liegen.
Die Wohnräume sollten von unten nach oben heller werden. Heller Boden und dunkle Decke sollten Sie meiden. Sorgen Sie außerdem für ausreichend Sitz- und Rückzugsmöglichkeiten.

Feng-Shui in allen Wohnräumen

Die Grundlagen

Wie schon in den oberen Kapiteln erklärt, beginnt die Reise zu einem neuen Zuhause nach Feng Shui, mit dem Loslassen. Trennen Sie sich von altem Ballast räumen Sie einmal gründlichen auf.
Ist dieser Schritt nun vollständig erledigt, können Sie durch Pflanzen und Spiegel Ihr zuhause noch weiter unterstützend gestalten. Auch Salz in den Ecken der Wohnräume sowie regelmäßige Luftzirkulation unterstützen den Fluss der positiven Energie!

Weihrauch

Mithilfe eines Weihrauch-Duftes kann das Chi viel besser fließen und so Körper und Geist beruhigen. Dafür verwendet man am besten Räucherstäbchen mit diesem Zusatz. Stellen Sie diese in einem zentralen Raum aus. Dann kann von dort aus, der sanfte Duft in alle Räume getragen werden.

Hygiene

Regelmäßiges Reinigen ist eine wichtige Grundlage, um die negativen Ströme abzuwehren. Man sollte deshalb darauf achten, alle Räume stets sauber zu halten – insbesondere Küche und Bad. Hier ist es hilfreich eine Routine einzuführen. Das gibt eine gewisse Gewohnheit und man vergisst nicht ständig, was noch zu erledigen ist. So gelingt es Ihnen den positiven Energiefluss leichter aufrecht zu erhalten.

„A clean house is a lucky house"

So lautet eine der bekanntesten Feng-Shui Regel. Versuchen Sie diese Weisheit nach und nach in Ihren Alltag zu integrieren.

Kommen wir nun im Folgenden zu den einzelnen Räumen und Ihrer perfekten Ausrichtung.

Feng Shui in jeder Lebenslage

Bereich Wissen

Hierfür könnte man beispielsweise ein Bücherregal oder eine Buchersammlung aufstellen. Dieser Bereich für die innere Erkenntnis und Willenskraft. Zudem sollten man bei der Gestaltung auf Blau- und Brauntöne setzen.

Bereich Familie

In diesen Bereich passen Fotos mit Holzrahmen oder hölzerne Erbstücke perfekt hinein. Auch Grün ist dort gern gesehen.

Bereich Reichtum

Dieser Bereich steht unter anderem für Erfahrungen, die uns bereichert haben. Sie können diesen in Edelsteinfarben halten und ebenfalls Akzente mit dem Element Holz setzen.

Bereich Partnerschaft

Hier sollte es gemütlich und einladend wirken. Sitzmöbel, Sessel und kuschlige Materialien passen dort perfekt, ebenso die Farben Braun und Pink.

Bereich Kinder

Kreativität und Phantasie sollten hier angeregt werden. Farblich sollte man den Bereich in Weiß und Pastellfarben halten.

Bereich Freunde

Er symbolisiert Schutz und Unterstützung. Das Grundelement des Bereichs ist Metall, was diesen sehr harmonisch wirken lässt. Dort würde ein Spiegel wunderbar passen, auch das Telefon sollte man dort aufstellen.

Bereich Karriere

In diesem Bereich, der für Berufung und Lebensweg steht, sollte man mit klaren und hellen Farben arbeiten. Auch die Farben Blau und Schwarz sind hier geeignet.

Bereich Ruhm
Der Abschnitt soll eine positive Stimmung ausstrahlen. Dies könnte man durch Vasen in Rot oder gar kleinen Feuerstellen bewirken.

Aberglaube und Fehlinformationen

Schaut man sich in den Online Shops und in der Berichterstattung um, so kann man den Eindruck gewinnen, dass man für gutes Feng-Shui zwangsweise viele Dinge benötigt. Dies entspricht jedoch nicht der Wahrheit. Verbrauchern wird im Netz der Gedanke „verkauft“, diverse **Symbole, Spiegel, Windspiele oder futuristisch anmutende Mobiles** zu benötigen. Damit möchte ich an dieser Stelle aufräumen und ein paar Sachen richtigstellen.

Das Windspiel – Die Geschichte dahinter

Schon seid mehreren hunderten von Jahren werden Sie überall hingehängt, wo Menschen sich ein Signal wünschten. Heute würde man von unserer klassischen Klingel sprechen.
Hier gilt: Sie funktionieren nur, wenn das Windspiel frei hängt und durch zirkulierende Luft zum schwingen gebrachte werden kann. Windspiele in Zimmerecken machen so wenig Sinn.

Dahinter steckt **eine lange, alte Tradition**, deren Ursprung man in Südostasien findet. China entdeckte man Windspiele erst zu späterer Zeit für sich. Nach und nach schrieb man Ihnen eine besondere Wirkung auf „Geister" jeglicher Art zu.
Aus sechs metallischen Klangröhren wurden Windspiele gebaut gebaut um böse Geister abzuwehren. Denn ihr „Atem" war das negative Chi.
Floss ihr Atem nun durch die Röhrchen verwandelte er sich in einen **schönen Klang** und somit in positives Chi. Es war aus Metall anstatt Holz gefertigt, da Metall eine Art Waffe ist und zudem Macht darstellt.

Die Anzahl der Röhrchen, sechs an der Zahl, unterstützen die Wirkung zusätzlich. Denn sechs steht für den Himmel, das Trigramm Chen. Dies ist das kraftvollste Trigramm, welches somit gut gegen die „Geister" wirken kann.

Wichtig war hier, die klingenden Waffen gegen das Böse stets vor die Haustür zu hängen. Dabei sollten Sie in der Nacht jedoch stumm bleiben.

Deshalb band man die Klangröhren in der Nacht einfach zusammen und jeglicher Zugang für das Böse blieb versperrt. Die Nächte blieben zudem ruhig und das klingeln störte den erholsamen Schlaf nicht. Ob Windspielen nun tatsächlich wirken, weiss man bis heute nicht genau, jedoch spielen Sie im Feng-Shui keine Rolle.

Spannende Hilfsmittel

Hat man schonmal ein Feng-Shui aufgeschlagen hat, hat von diversen „Hilfsmittel" gelesen. Aber ist an denen etwas dran, wenn sie in einem Feng-Shui Buch stehen? D**oppelte Acht, dreibeinige Kröte** und all diese Gestalten sind Symbole oder Talismane für Reichtum, die zur chinesischen Kultur gehören. Dabei ist es merkwürdig, ein Gegenstand aus einer anderen Kreis der Kultur als Teil der Feng-Shui Tradition zu suggerieren.

Diesen Gegenständen wird eine besondere mystische Wirkung angehaftet, die jedoch keinen Bezug zu traditionellem Feng-Shui hat. Besonders die Zahl Acht besitzt im chinesischen Kulturkreis eine **besondere Symbolkraft**, die Glück bringen soll, da ihre Aussprache an Reichtum erinnert.
Geht es darum, an etwas zu Glauben, spielen zwei Ebenen eine Rolle. Erstere ist die die kulturelle, zweite ist die **psychologische Ebene**, auf der sich das New Age-Feng-Shui bewegt.

New-Age-Feng-Shui

Viele Bücher versprechen die Lösung für jegliche Probleme. Oft geht es dabei um Figuren oder Symbole, die in der Wohnung platziert werden sollen. Beliebt sind **Delfin-Figuren**, welche Liebe sowie Partnerschaft unterstützten sollen. Die Figuren und Symbole stammen aus dem „drei Türen Bagua", das eine schnelle Lösung von bestimmten Problemen verspricht.
An einer Art **Schablone** angelehnt werden solche Hilfsmittel an den verschiedenen Stellen platziert, welche dann einen psychologischen Anker darstellen sollen.
Die Partnerschaftsdelfine erinnern einen vielleicht daran, dass man mehr Kraft in die Beziehung investieren, sich vielleicht romantische Ideen einfallen lässt. Für das klassische Feng-Shui reicht diese Art von Analyse und der nachfolgenden Lösung jedoch nicht aus.

Was sie nicht tun sollten!

Weniger Deko ist mehr

Hier eine Vase, da eine Porzellan Figur – wenn es um Dekoration geht, ist es nicht immer leicht, sich zurückzunehmen.
Hier zählt jedoch **„Weniger ist mehr".** Hier sind Ordnung und Überblick sehr wichtig, damit das Qi frei fließen kann. Denn alles, was ohne Nutzen im Raum

herumsteht, blockiert den Fluss. Setzen Sie Deko also immer sparsam ein!

Über Pflanzen

Blumen und Pflanzen sind nicht nur schön, sondern füllen unser Zuhause auch mit Leben. Sie wirken belebend und **gesunde Pflanzen** nahe des Fensters können das entweichen der guten Energie verhindern. Das Gleiche gilt für Pflanzen auf dem Boden, die viele, große Blätter haben.
Besonders in Yang-Zimmern, sprich in den Zimmern, in welchen Sie sich am Tag viel aufhalten, wie dem Wohn-, Arbeitszimmer sowie Küche und Esszimmer sollten Pflanzen aufgestellt werden. Denn sie fördern genau diese **Yang-Energie**. Für Schlaf- und Badezimmer hingegen sind Grünpflanzen eher ungeeignet. Sie sorgen für unnötige Unruhe, da sie die „falsche" Art von Energie fördern.

Die passende Beleuchtung

Nach Feng-Shui sollte jedes Zimmer mit **unterschiedlichen Lichtquellen** ausgestattet sein, die je nach Stimmung zum Einsatz kommen.
In Schlaf- sowie Wohnzimmer sollte gedämpftes Licht eingesetzt werden. Setzen sie hier auf verschieden helle Quellen des Lichts
Zudem ist es wichtig, dass es in den Zimmern nicht zu viele dunkle Ecken gibt. Das Qi braucht Licht, um im Fluss zu bleiben.

Richtige Ausrichtung des Bettes

Stellen sie ihr Bett mit dem Kopfende an eine feste Wand stehen sollten Sie kein großes Kopfteil haben. Das so erzeugte Gefühl von Schutz sowie Geborgenheit fördert den erholsamen Schlaf.
Qi fließt immer zwischen **Ein- und Ausgang**. Vermeiden Sie es deshalb Ihr Bett zwischen diesen beiden zu positionieren.
Dem Bett gegenüber sollte man keinen Spiegel aufhängen, permanente Reflexion erzeugte Unruhe durch den aggressiven Einfluss des Yan.
Da das Schlafzimmer ein Raum des Zin ist, wird hier **passive, und beruhigende Energie** benötigt. Deshalb sollte man den Raum abdunkeln können.

Gebündelte Energie

Scharfe Ecken bündeln Energie. Ist diese auf einen Menschen gerichtet macht dies oft **unruhig**. Man sollte solche Möbel deshalb möglichst so stellen, dass keine Ecke oder Kante mehr groß zu sehen ist. Alternativ kann man die Kanten auch durch Pflanzen oder andere Deko verdeckt werden.

Dachbalken und -schrägen

Balken lassen den Raum optisch dunkler und bedrückend wirken. Steht Ihr Bett nah an einer **Dachschräge**, kann es nach der Feng-Shui-Lehre zu Kopfschmerzen führen. Achten Sie hier also auf gerade, hohe Decken.

Über dem Kopf befestigen? Lieber nicht!

Handelt es sich um Lampe oder Bilderrahmen – etwas, das genau über dem Kopf angebracht ist, kann sehr bedrohlich wirken und produziert so **negative Energie**. Achten Sie deshalb darauf, nicht über Bett oder Arbeitsplatz zu befestigen.

Farbauswahl

Die Qi-Qualität in einem Raum hängt stark von der **Farbwahl** ab. Deshalb sollte man hierauf großen Wert legen und unbedingt zum Einsatz bringen. Hier

empfiehlt die fernöstliche Tradition, nicht mehr als drei Farben gleichzeitig zu verwenden.
Bestimmte Farbkombinationen schwächen das Qi. Hier werden für Yin-Zimmer folgende Farben empfohlen: Zarte Töne wie Rosa, Flieder und Beige wie auch Erd- und sanfte Gelbtöne. Dunkle Nuancen von Rot sind ebenfalls förderlich. Ebenso kalte Farben wie Schwarz, Blau, Grau und Silber. Sie transportieren eine beruhigende und eher sanft wirkende Energie.
Empfohlene Farben für ein Zimmer mit Yan Funktion sind: ein kräftiges Grün- und Blau und Rottöne. Auch strahlende Gelb, Orange und Weißabstufungen sowie Gold sind hier gewünscht.
Sie sollen so eine kräftige, **antreibende Energie** herstellen.

Mythen

Die Besonderheiten des Klodeckels

Dies Klischee wird oft zuerst erwähnt, wenn Leute über Feng-Shui sprechen. In einigen Feng- Shui Büchern ist dies sogar nachzulesen.
Warum sich der Mythos, des Geldverlustes bei offen gelassenem Klodeckel so hartnäckig hält, weiß man nicht. Vor über 2.000 Jahren existierten in China in den Häusern überhaupt **keine Toiletten**.
In manchen überlieferten Texten ist jedoch wird von einem Loch im Haus gesprochen, welchen geschlossen bleiben soll, um den Verlust des Qi zu verhindern.

Wasser wird außerdem mit Geld in Verbindung gebracht. Das würde dann allerdings heissen, dass mit jeder Toilettenspülung das Geld wegspülen werden würde. Für ein leeres Konto die Klospülung verantwortlich zu machen, eher schwierig.

Rote Wände im Süden

Auch liest man, dass bei der Farbgestaltung nach Himmelsrichtungen gearbeitet wird. Im Süden sollten die Wände danach Rot sein, da das Element des Feuers dieser Richtung zugeordnet wird.
Diese Theorie stimmt jedoch nicht. Wie schon bereits erwähnt und in den folgenden Kapiteln auch noch weiter erläutert, geht man nach einem ganz eigenen System vor.

Der Zimmerbrunnen, der uns Reich macht

Wasser ist ein Element mit viel Kraft. Auch wird es, wie bereits erwähnt, mit Geldfluss verknüpft. Nur aufgrund eines Zimmerbrunnens, werden Sie jedoch leider nicht reich. Achten Sie hier unbedingt auf die Platzwahl. Bei Wasser-Dekoration ist hier Vorsicht geboten

Wo dieser am Besten aufgestellt werden sollte, ist von vielen Faktoren abhängig. Unteranderem von der Ausrichtung Ihres Zuhauses, der Menschen, die dort leben und wie Sie ihr Heim nutzen.
Ein Brunnen am falschen Ort, kann die negativen Energieströme verstärken.
Achten sie immer darauf, dass das Wasser sauber ist und fließt. Alles andere wirkt ungepflegt und riecht schlecht. Man bezeichnet solch einen Zustand dann als Sat Qi, was negatives Qi bedeutet.

In Richtung Osten schlafen

Im Feng Shui ist alles abhängig von Umgebung und Bewohnern eines Hauses. So auch, wenn es um das Schlafen geht. Die idealen Richtungen für erholsamen Schlaf lässt sich individuell bestimmen. Haben Sie eventuell schon einmal etwas von dem sogenannten Ost-West-System gehört?

Mit diesem System kann aufgrund Ihres Geburtsjahres sowie des Geschlechts die beste Himmelsrichtung für Jeden berechnet werden. Yuen Hom Berater können hier die individuellen Richtungen noch präziser eingrenzen.

An Feng-Shui muss man glauben!

Feng-Shui ist sehr alte Wissenschaft, die aus den Erfahrungen der Menschen und Ihren Beobachtungen hervorgeht. Wie mit der Schwerkraft verhält es sich auch mit Feng Shui. Glauben Sie daran oder nicht, die Vorteile erleben Sie trotzdem. Natürlich in diesem Zusammenhang auch die Nachteile, wenn Sie die These ignorieren. Im Feng Shui hat man jedoch den entscheidenen Vorteil, dass man dem Negativen nicht hilflos gegenüber steht, sondern handeln kann.
Die förderliche gesundheitliche Wirkung und der vermehrende Einfluss von Wohlstand und Glück ist somit offensichtlich Spekulationen. Das ein "Chi", beziehungsweise die positive **Wirkung einer nicht sichtbaren Kraft** existiert, konnte man bis heute nicht wissenschaftlich beweisen.
Wie schon erwähnt, gibt es keine systematische Forschung über die reproduzierbaren und guten Wirkungen. **Feng-Shui-Berater** stützen sich hierbei auf uraltes "Erfahrungswissen" aus China.
Unerwähnt lassen diese, dass in der chinesischen Tradition keine Analysen von Ursache und Wirkung gemacht werden, da dies schlichtweg nicht üblich ist. Somit gibt es keine Studien über den Erfolg von Feng-Shui in dessen Herkunftsland.

Kritiken

Was ist dran, an Feng-Shui-Regeln?

Es gibt natürlich auf Thesen, die auch ein "normaler" Architekt bestätigen wird. So sollte man in einem Raum die Fenster an zwei gegenüberliegenden Wänden anbringen und im Büro nicht den Schreibtisch so stellen, dass der Rücken zur Tür zeigt. Auch sollte sich generell eine Zimmertür nicht zur Wand hin öffnen. Dieses sind jedoch Grundregeln der Architektur. Jeder Gestalter sollte diese beachten – ganz unabhängig von Feng-Shui.
Ein Raum sollte grundsätzlich einen emotionalen Schutz und eine Form von Geborgenheit bieten. Wenn er eine zu eng und zu vollgestellt ist, ist ein Aufenthalt hier eher unangenehm.

Auch ist es nicht nur aufgrund des strömenden "Chi", sondern generell für die Bewegungsabläufe des Menschen ungünstig, sich um die Tür herum zu winden. Für Architekten sehen Feng-Shui-Regeln im Allgemeinen aber als Binsenweisheiten an.
In der Umwelt- und Architekturpsychologie lehrt man diese Regeln schon seit langem auf wissenschaftlicher Ebene. Vielen Feng-Shui-Anhänger beziehungsweise Vertretern ist das gar nicht richtig bekannt.

Der gefährliche Radiowecker

Umgekehrt integriert man Bestandteile europäischer Esoterik zu chinesischen Traditionen. Architekten propagieren eine harmonisch spirituelle oder ganzheitliche Architektur und lehnen heute übliche technische Lösungen ab. Wichtige Elemente wie Wärmeschutz durch hoch dämmfähige Materialien werden weggelassen. Dieser hindere die Wohnräume angeblich daran, zu atmen.

Sie versteifen sich auf obskure, weil nicht nachweisbare Strahlen oder auch Wasseradern. Zudem wird das Elektro-Klima, welches angeblich von Radioweckern erzeugt werden soll verteufelt. Dieser Aberglaube basiert jedoch auf Willkür.

Ein Bauherr, der bemüht ist, im Rahmen seiner meist beschränkten finanziellen Mittel ökologische Kriterien zu erfüllen, wäre nicht gut beraten, Geld für solch unsinnige Maßnahmen zu verschwenden.

In den letzten Jahrhunderten haben wir enorme naturwissenschaftliche und technische Fortschritte gemacht. Diese verbessern **die Überlebenschancen** auf diesem Planeten bis heute kontinuierlich. Jedoch hat man es andererseits nicht richtig fertiggebracht, sich spirituell weiterzuentwickeln und die Wahrnehmung zu schulen.

Man hat aufgehört, im Einklang mit der Natur um uns herum zu leben und auf die Umwelt und Ihre Signale zu hören. Auch bei uns selbst haben wir das leider verlernt.

Zwar stirbt in der westlichen Welt heute kaum noch jemand an für unsere heutige Sicht, banalen Umständen oder Naturwidrigkeiten. Wichtige Dinge haben wir jedoch verlernt. Uns fehlen oft die Worte, um über Dinge, die unsere Wahrnehmung und besonders die Gefühlswelt betreffen, zu sprechen und uns auszudrücken.

Geomantie

In der Wissenschaft gibt es unendlich viele Terminologien für die verschiedenen Felder. Geht es um emotionale Wahrnehmung fehlen voneinander abgegrenzte Klassifizierungen zu den jeweiligen Erregungszuständen und ebenso gibt es keine passende Kategorisierung der Intensität.
Sogar die **Emotionsforschung** steckt hier noch in den Kinderschuhen. Von Mensch zu Mensch gibt es hier jedoch so individuelle Ausprägungen, dass sich empirisch ermittelte Ergebnisse der Untersuchungen schlecht verallgemeinern lassen.
Die Poesie bedient sich deshalb der Reichhaltigkeit der heutigen Sprache und umschreibt und veranschaulicht durch sprachliche Bilder die Gefühlswelt. Natürlich ist man dabei angehalten, sich unter den jeweils entsprechenden Expressionen etwas vorzustellen.
Ohne zum Beispiel einen bestimmten Ort jemals gesehen zu haben, wird es stets schwerfallen, die Beschreibung der Wirkung nachzuvollziehen.
Bei einer Bebauung eines Wohngebietes geht es oft darum, den landschaftlichen Charakter möglichst unbefleckt zu lassen. Dann müssen die **relevanten**

Wirkaspekte, welche die Landschaft prägen, für das jeweilige Planungskonzept beschrieben werden.
Deshalb bemüht sich die Geomantie seit Jahren um einheitliche Terminologie für diese Aufgabe. Die verwendeten Begriffe und Sprachbilder im Bebauungsplanes kann man also durchaus hinterfragen und auch darüber diskutieren. Dies gilt jedoch nur für fachlich mit dem Thema vertraute Menschen.
Die Kritik an der geomantischen Planung eines Ortes wird sogar noch unverständlicher, wenn sie von Leuten ausgeht, die niemals selbst vor Ort gewesen sind.

#Feng-Shui im Westen

Das Ost-West-System

Man bezeichnet die universelle Lebenskraft als Chi. In der Natur ist das Chi neutral, es kann frei fließen. Wird ein Haus gebaut werden Himmels-Chi vom Erden- Chi "getrennt". Sie sind dann nicht mehr in der Lage, direkt zu kommunizieren. Das Chi sucht sich seinen Weg und fließt zur Eingangstüre ins Haus, verteilt sich im Wohnraum und spendet Lebenskraft. Um die beste Art der Energie abzugeben, sollte das Chi langsam fließen, gut zu vergleichen mit einem sich sanft durch die Landschaft schlängelnden Fluss.
Bei einer Stagnation kann es zu gesundheitlichen oder persönlichen Problemen kommen. Fließt die Energie jedoch zu schnell, nennt man es Sha-Chi. Dies kann zu Unruhe und Nervosität führen.
Eine wichtige, im Feng-Shui angewendete Methode, ist das **Ost-West-System**, was auch Ba Zhai genannt wird. Übersetzt bedeutet dies „Acht Häuser“. Im Feng-Shui gibt es nämlich acht Himmelsrichtungen und zwar Norden, Nordosten, Osten, Südosten, Süden und Südwesten, Westen sowie Nordwesten. In speziellen Fällen teilt man sogar in 24 Richtungen ein um diese Methode zu nutzen.

Die **Acht-Häuser-Schule** zeigt hier, welche vier der acht Himmelsrichtungen für einen Menschen besonders gut sind und welche gemieden werden sollten. Für

Menschen der Ost-Gruppe sind Norden, Osten, Südosten sowie Süden die idealsten Himmelsrichtungen.

Die West-Gruppe ist mit Nordosten, Südwesten, Westen und Nordwesten gut beraten. Ganz konkret bedeutet das, die entsprechenden Bereich im Haus vermehrt zu nutzen.

Manchmal zeigt die Eingangstür sogar schon in eine förderliche Richtung. Haben Sie einen Partner mit unterschiedlicher Zugehörigkeit der Gruppen wäre es am Besten nach der Richtung des Hauptverdieners auszurichten.

Das Schlafzimmer sollte dann auf jeden Fall von der Mitte des Grundrisses aus, in eine vorteilhafte Richtung für dies Mitglied der Familie zeigen. Denn wenn die **Grundversorgung für die Familie** sicher ist, sorgt das im Allgemeinen für ein grundsätzlich eher positiv gestimmtes Klima.

Daher ist es aus der Sicht nach wichtiger, dass die Eltern das am idealsten ausgerichtete Schlafzimmer in

Anspruch nehmen. Denn geht es Ihnen gut, können sie auch gut für die Kinder sorgen.
Auch wenn es um die Position des Bettes geht, kann man dies den Himmelsrichtungen nach, entsprechend ausrichten.
Hier gibt es eine Möglichkeit, einen Ausgleich bei verschiedener Gruppenzugehörigkeit vorzunehmen. Das Schlafzimmer wird dann dem Hauptverdiener angepasst, die Richtung des Bettes dem jeweils anderen Partner.
Arbeitszimmer beziehungsweise Büro sollten sich auch in guter Himmelsrichtung befinden, besonders, wenn Sie von zuhause arbeiten.
Natürlich können Sie hierbei auch den Schreibtisch entsprechend positionieren.
Gleiches gilt für den Sitzplatz der einzelnen Familienmitglieder am Esstisch.
Küche, Herd, Bad und WC können Sie beruhigt in einer schlechteren Richtung positionieren, da sie die Wirkung in gewisser Weise umkehren. Ihren Herd richten Sie dabei von der Mitte der Küche aus, aus.

Welche Richtungen sind die Richtige?

Die unterstützenden Richtungen sind von Geschlecht und Geburtsjahr eines Menschen abhängig. Als erstes muss hier **die Gua-Zahl** ermittelt werden. Sie bestimmt die jeweilige Gruppenzugehörigkeit.
Beachten Sie hierbei, dass Neujahr in China nicht am 1. Januar beginnt, sondern am 3., 4. oder 5. Februar. Sind

sie nun also zwischen dem 01.01 und Anfang Februar geboren, müssen Sie das Vorjahr zur Berechnung nutzen.

Die Gua-Zahl bei Männern

Sie addieren die letzten beiden Zahlen Ihres Geburtsjahres und ziehen diese von 10 ab. Sind sie beispielsweise 1945 geboren addieren sie zuerst 4 und 5 und erhalten 9. Dann ziehen sie 9 von 10 ab und erhalten 1. Die Gua-Zahl wäre in diesem Fall also 1.

Die weibliche Gua-Zahl

Sie addieren wie zuvor die letzten beiden Zahlen Ihres Geburtsjahres und addieren dann 5 als Konstante dazu. Anschließend bilden Sie die Quersumme.

Die **Gua-Zahlen 1,3,4 und 9** gehören zur Ost-Gruppe, d.h. Norden, Osten, Südosten und Süden sind ihre unterstützenden Richtungen.
Die **Gua-Zahlen 2,6,7,8** zählen zur Westgruppe, deren günstige Richtungen sind Nordosten, Südwesten, Westen und Nordwesten.
Ist Ihre Zahl 5, entspricht dies bei Frauen Gua 8 und bei den Männern Gua 2.
Man sollte die guten Richtungen für sich nutzen, damit es positive Auswirkungen auf die Konzentration, den Schlaf und die Gesundheit haben kann.

Kompassschule leicht gemacht

Diese Schule untersucht die verschiedenen Lebensbereiche, welche durch acht Trigramme repräsentiert werden. Die Lage des Hauses und die Himmelsrichtungen in welche gebaut wurde, helfen hier bei der Bestimmung. Hier unterscheidet man zwischen **Ost- und West**. Dasselbe gilt für die Trigramme der Menschen, die das Heim bewohnen, diese werden anhand ihrer Geburtsdaten ermittelt und zugeordnet. So ermittelt man dann günstige und weniger günstige Lebensbereiche für diese Personen. Das **Ost West System** eignet sich sehr gut, wenn Sie ein Grundstück suchen oder auch für die Ausrichtung eines Neubaus.

Das 3 Türen Ba Gua

Das Ba Gua wird mit 9 gleich großen Feldern über den Bauplan gelegt. Die Seite mit den Bereichen **Karriere sowie Wissen und hilfreiche Mentoren** liegen immer in der Linie der Eingangstüre. Daraus ergeben sich die 8 Lebenssituationen, welche auf die verschiedenen Bereiche aufgeteilt sind. Oft geschieht es, dass der Grundriss nicht rechteckig ist. Dadurch entstehen Fehl- oder auch sogenannte Zusatzbereiche .

Das 3 Türen Ba Gua richtet sich, wie schon der Name verrät, ausschließlich nach der Lage der Türe. Es dient auch als Basis für intuitives Feng-Shui.

Die fliegenden Sterne

Die fliegenden Sterne spielen bei der zeitlichen Berechnung nach Feng Shui eine Rolle. Hierbei handelt es sich um ein **numerisches System**, mit dem die Zeitqualitäten eines Gebäudes analysiert werden können.

Kosmische Einflüsse charakterisieren auf sehr feine Art und Weise die gesamte Energie eines Hauses. Die fliegenden Sterne werden hierbei anhand von Baujahr und Himmelsrichtungen bestimmt.

Formschule

Es geht dabei um die Umgebung eines Hauses. Diese wird von vier Tieren beeinflusst.
Und zwar von **Phoenix, Tiger, Drache sowie der Schildkröte.**
Himmelsrichtungen sind hier nicht relevant. Vorne findet man den Phoenix wobei dies nicht der Haupteingang sein muss, oft sind es auch besonders aktive Bereiche im Haus.
Die Schildkröte steht für die benötigte Rückendeckung. Diese kann durch einen Berg, einen Wald oder ein höheres Haus dargestellt sein. Schauen Sie aus dem Haus raus, so liegt die Tigerseite auf rechten Seite. Sie ist das Symbol der Frauen, da Sie für Weiblichkeit steht. Die Drachenseite, welche links liegt, steht für alles Männliche und somit den Mann im Haus. Idealerweise

umschließen die vier Tiere Ihr Zuhause in der idealen Reihenfolge.

Tiersymbole

Fisch

Dieses Tier steht in der Feng-Shui-Lehre für Erfolg. In China haben viele Zierfische im Aquarium, um ihre Chancen zu verbessern. Das Gleiche machen auch viele Restaurantbesitzer. Wenn man dieses Symbol auch für sich zuhause nutzen möchte, kann man auf Vasen, Bilder oder Figuren mit Fischen zurückgreifen. Am besten stellt man diese Dinge in die Nähe der Eingangstür oder im Wohnzimmer auf. Natürlich können Sie sich auch gerne ein Aquarium zulegen. Das ist ein sehr schönes Deko Element und die Fische bringen Leben in Ihr Heim. Ein Muss ist das jedoch nicht. Besonders wenn Sie keine Fische mögen ist davon abzuraten.
Denn etwas nur in sein Haus zu stellen, weil eine Lehre dies empfiehlt ist nicht sinnvoll. Achten Sie deshalb immer bei allen Schritten, die Sie vornehmen auch darauf, ob Sie Ihrem Geschmack entsprechen. Denn ein Haus, in dem Sie sich dann nicht wohlfühlen, kann Ihnen auch mit Feng Shui nicht guttun.

Frosch

Dieser soll einem Gold und Silber bringen. Am besten stellt man Ihn ebenfalls in den Eingangsbereich.

Sollte die Eingangstür im südwestlichen oder nordwestlichen Teil des Eigenheims befinden, so bringt er noch mehr Glück.

Einhorn

Dies Tier steht für Größe, Freude, ein langes Leben und vor allem Weisheit. Zudem auch für Güte und Sanftmut.

In der chinesischen Kultur erzählt man sich, dass das Einhorn nur erscheint, wenn ein gütiger König über das Land herrscht oder ein sehr weises Kind geboren wird.

Pfau

Würde und Schönheit – dafür steht dieses Tierzeichen ganz besonders. Die Federpracht symbolisiert diese Eigenschaften und wenn Sie Pfauen mögen, gibt es auch tolle Deko Elemente mit Pfauen in Kombination.

Kunstwerke und Hausgötter

Fuk, Luk und Sau

In China findet man in den Wohnräumen immer drei Gottheiten – **Fuk, Luk und Sau**. Sie stehen für das göttliche Dreigestirn und sind die beliebtesten Gottheiten. Die drei im eigenen Zuhause aufgestellt, soll positive Energie anziehen.
Fuk ist die Gottheit des Wohlstands und Glücks, Luk ist die des Ranges und Überflusses und Sau der Gott des langen Lebens.

Die drei Gottheiten dürfen nie voneinander getrennt aufgestellt werden, sondern immer zusammen! Nur so können sie ihre vollständige Energie entfalten.

Löwen

Dieses Tiersymbol findet man häufig als Steinfigur. Sie sind die sogenannten Wächterlöwen und stehen für Sicherheit und Schutz. Meistens findet man sie paarweise vor den Haustüren chinesischer Haushalte. Die Wächterlöwen sollen vor allem schlechten schützen.

Die Bedeutung des Lichts

Licht ist ein Feuerelement. Dieses Element kann helfen, ein Gleichgewicht im Eigenheim herzustellen und auch zu erhalten. Gerade im Eingangsbereich ist Licht sehr wichtig. Im Eingang sollte es hell und lange leuchten.

Karma

Positive Energie und gutes Schicksal – das möchte jeder von uns. In der Feng-Shui-Lehre gibt es viele Möglichkeiten, dies zu erreichen. Hier ein paar Beispiele.

Die Pflaumenblütenpflanze im südöstlichen und östlichen Bereich des Wohnzimmers unterstützt laut der Lehre Harmonie und Reichtum.
Pfirsichpflanzen, sollen bei Krankheit helfen. Positionieren Sie diese im östlichen Teil eines Raums, um ihre Wirkung voll ausschöpfen zu können.

Ein Globus in einem nordöstlich liegenden Wohnraum unterstützt Geist und Wissen. Er soll einmal täglich gedreht werden, um gutes Chi herbeizuführen.
Pferde und rote Blumen sollen helfen, Anerkennung und Ruhm zu erzielen.

Die traditionelle chinesische Astrologie

Um die Austeilung der persönlichen Elemente zu bestimmen bestimmt man das Horoskop. Hieraus leitet man dann ab, was für ein Element auf den jeweiligen Menschen besonders unterstützend wirkt.

Feng-Shui bezeichnet man auch als Harmonielehre und kommt aus China. Sie gehört zum Taoismus.
Im Feng-Shui geht es darum eine ausgeglichene Beziehung zwischen Mensch und Umgebung her zu stellen. Hierbei gibt es verschiedene Aspekte.

Es hilft beim Konstruieren einer Stadt aber auch zum Bau eines Zuhauses. Da es eine alte chinesische Raumlehre ist, hilft es natürlich auch bei einer harmonischen Inneneinrichtung weiter.

Mit Feng-Shui kann man auf das Wohl der Menschen in Ihrem Zuhause einwirken und den Energiefluss auf gute Art und Weise beeinflussen. Es geht um die Kunst, Energiepotentiale im Umfeld, durch genauste Analyse, heraus zu kristallisieren

Unterstützende Energien werden in dem jeweiligen Raum aktiviert. Schädliche Energien werden so neutralisiert oder auch in andere, für die Bewohner weniger wichtige Räume umgeleitet.

Es herrschen aber auch viele mystische Vorstellungen um die Kunst des Feng-Shui. Man sagt dort, dass es die Geister der Luft und des Wassers einem zugeneigt machen kann.

Feng-Shui ist jedoch eine äußert umfassende Wissenschaft. Letztlich braucht es ein langes Studium um alles beherrschen zu können. Spielen die fünfen chinesischen Elemente eine Rolle spricht man von klassischem Feng-Shui.

Nachwort - Feng-Shui Lifestyle

Wir kommen nun zu dem Teil in diesem Buch, in dem ich eine kleine Bitte an Dich habe. Rezensionen sind ein sehr wichtiger Bestandteil für Bücher und andere Produkte. Deine Rezension kann mir dabei helfen, auf dem Amazon Markt deutlich sichtbarer zu werden.

Habt Du Gefallen an diesem Buch gefunden? Konntest Du in den drei Wochen der Meditation schon etwas erreichen? Dann bin ich Dir dankbar, wenn Du eine Rezension hinterlässt. Deine Meinung ist mir sehr wichtig!

Damit Du Deine Bewertung hinterlassen kannst, musst Du bei Amazon auf „Mein Konto“ klicken. Gehe dann auf „Meine Bestellungen“ und verfasse eine Produktrezension zu diesem EBook. Schon ein paar kleine Sätze sind völlig ausreichend. Gerne schreib mir, was Dir besonders gut gefallen hat. Natürlich dürfen Kritik und Anregungen zur Verbesserung nicht fehlen!

Ich sage an dieser Stelle schon einmal danke, für Deine Zeit hoffe, dass Du mit meinem Ratgeber einiges erreichen konntest!

Über die Autorin

Mein Name ist Kathryn K. Woodward. 1987 wurde ich in Bad Schussenried, einer kleinen schönen Stadt in Baden-Württemberg geboren.

Mein Vater war stolzer Amerikaner und meine Mutter gebürtige Deutsche. Als Kind wuchs ich in Bad Schussenried auf und ging dort zur Schule. Später machte ich dann eine Ausbildung zur Bürokauffrau.

In meinem Leben ging es oft hinauf, aber dann, auch schnell wieder steil bergab. Jeder Mensch ist mit dieser Achterbahnfahrt mancher Lebensabschnitte vertraut. Leider steckt man dann aber manchmal länger in einer solchen Tiefphase, als man das überhaupt möchte.

Auch bei mir stauten sich viele Lebensverändernde Ereignisse an. Vor wenigen Jahren erlitt ich mehrere Schicksalsschläge, unteranderem durch den Tod meiner Eltern aufgrund eines Autounfalls. Mein Job belastete mich, da er mich nicht erfüllte und so sehr unglücklich machte. Ich gehörte zu den Menschen, die überall helfen wollen und niemals „Nein" sagen können.

Dementsprechend verlor ich nach und nach, die Kontrolle über mein Leben. Ich brach in eine tiefe Depression ein.

Ständig stelle ich mir Fragen wie: „Warum muss das ausgerechnet mich treffen?", „Womit habe ich das verdient?". Ich verlor den Blick für das positive im Leben. Wie andere Menschen das schafften, konnte ich mir nicht erklären.

Je mehr ich mich damit beschäftigte, desto schneller erkannte ich: Ich bin der einzige Mensch auf dieser Welt, der ganz genau weiß, was das Beste für mich ist. Ich bin aber auch der einzige Mensch, der mein Leben aktiv verändern kann.

Daher entschloss ich mich, meinen Job, der mich nicht erfüllte, zu kündigen. Ich fand schnell meine neue Leidenschaft, die Spiritualität. 2010 startete ich deshalb eine Yoga-, Achtsamkeits-, Gesundheits- sowie Meditationsausbildung in Hannover.

Ich krempelte meinen Alltag um und fing an, mein Leben aktiv zu gestalten. Über die Jahre wurde ich plötzlich zu einer anerkannten Expertin, im europäischen Raum.

Mit der Zeit fing ich an, Bücher rundum das Thema Spiritualität und gesunder Lebensweise zu schreiben. Diese verkauften sich in kürzester Zeit unglaublich erfolgreich. Auf diese Weise würde es mir möglich, bereits zahlreiche Menschen beim Aufbau eines gesunden und nachhaltigen Lebensstils zu unterstützen.

Mein persönliches Motto lautet: *„Jede Sekunde, die man mit negativen Emotionen verliert, ist ein Moment, den man im Leben nie wiederbekommen wird."*

Kennst Du schon?

Neben diesem Buch habe ich weitere spannende Bücher in der Welt der Esoterik verfasst. Du findest alle Bücher auf meiner Amazon Autoren-Seite. Viel Spaß!

Meditation für Anfänger – Eine Schritt-für-Schritt-Anleitung um Einsteigerfehler zu vermeiden und mehr Klarheit und Ruhe in den Alltag zu bekommen

In diesem Buch lernst Du Schritt-für-Schritt die wichtigsten Punkte, um mit der Meditation als Anfänger durchzustarten. Dabei erfährst Du wertvolle Tipps, um mehr Klarheit und Ruhe in Deinen Alltag zu bekommen und gleichzeitig auch, um Einsteigerfehler zu vermeiden.

Bei der heutigen Informationsflut wird es immer wichtiger seinen eigenen Gedankenstrom zu ordnen. Über 60.000 Gedanken schwirren Dir auf täglicher Basis durch den Kopf. Einige nimmst Du bewusst, andere unbewusst wahr. Durch mehr Ordnung in Deinen Gedanken, erlangst Du mehr Produktivität und Struktur in Deinem Alltag.

Manifestieren und Visualisieren für Anfänger - Für mehr Glück, Liebe, Gesundheit, Reichtum und Erfolg im Leben

In diesem Buch kannst Du mit Hilfe einer Schritt-für-Schritt Anleitung alles Wichtige über das Thema Visualisieren und Manifestieren lernen. Du bekommst genaue Anleitungen, wie Du das Visualisieren üben kannst und wie Du Deine Wünsche mit der Kraft der Gedanken erfüllst. Außerdem helfe ich Dir mit meinen Tipps dabei, Fehler am Anfang zu vermeiden und durch gezielte Übungen richtig zu lernen.

Es ist nicht einfach, die negativen Gedanken aus dem Alltag zu verbannen. Doch wenn Du an Deiner Denkweise arbeitest und die Hilfen aus meinem Buch beansprucht, kannst Du es auch. Mache Deine negativen Gedanken zu Positiven und sehe das ganze Leben besser.

Chakren verstehen für Anfänger - Mehr Vitalität und Gesundheit im Alltag durch den heilenden Einfluss der sieben Chakren

Was erwartet Dich auf dieser Abenteuerreise durch dieses Buch?

Dieses Buch wird Dir zeigen, wie Du Deinen Geist und Deine Seele mit Deinem Körper in Einklang bringen kannst. Gleichzeitig lernst Du die Chakrenlehre zu verstehen und eigenständig die Blockaden in den Chakren zu lösen und damit Deine Chakren wieder zu stärken.

Fasten für Einsteiger - Der Anfänger-Guide, um erfolgreich Schritt für Schritt mit dem Fasten zu beginnen und die größten Fehler zu vermeiden

Viele Anfänger machen schwerwiegende Fehler, wenn sie mit dem Fasten beginnen. Diese Fehler führen schnell zu falschen Resultaten und könnten Dich sofort demotivieren. Das kann dann echt belastend und deprimierend sein!

Daher habe ich für Dich einen Anfänger-Guide erstellt, in dem Du Schritt-für-Schritt bis ins kleinste Detail die wichtigsten Sachen rundum das Fasten lernst und erfährst. Dabei verstehst Du, welche Fehler die meisten Fasten-Anfänger machen und wie Du sie mühelos vermeiden kannst!

Printed in Germany
by Amazon Distribution
GmbH, Leipzig

19328465R00089